리더의 하이터치
소통 스킬

리더의 하이터치
소통 스킬

초판 1쇄 발행 2023년 4월 15일

지은이 이치민
펴낸이 김혜은, 정필규
마케팅 정필규
편 집 김정웅
디자인 롬디

펴낸곳 피플벨류HS
출판등록 출판등록 2017년 10월 11일 제 2017-000065호
주 소 (10126) 경기도 김포시 고촌읍 장차로5번길 5-25, 5층 584-1호(엔타운)
문 의 010-3449-2136
팩 스 0504-365-2136
납품 이메일 haneunfeel@gmail.com
일반문의 이메일 pvhs0415@naver.com

리더 자신과 조직 전체를 성공으로 이끌어 줄
'공감과 설득의 리더십'

리더의 하이터치 소통 스킬

High-Touch
Communication

이치민 지음

피플 밸류 HS

모든 인간은 출생과 동시에 다양한 집단의 구성원으로 평생을 살아가게 된다. 그 과정에서 다양한 기대 역할을 성공적으로 수행하기 위해서, 반드시 갖추어야 하는 기술이 '소통 스킬'이다. 신생아는 생존 욕구를 충족하기 위한 짧은 울음소리에서 매우 복잡하고 정교한 상징체계를 사용하게 되면서 몸과 마음이 발달한다. 소통 스킬은 비단 의사소통을 위한 도구에 머물지 않는다. 자신이 얼마나 가치 있는 존재인지를 확인하도록 돕는 수단이자, 협력을 통해 원대한 목표를 이루도록 돕는 리더십의 핵심 스킬이다.

리더는 팀의 일상 속에서 일어나는 빈번한 소통 과정에서 리더십을 발휘한다. 객관적 사실과 정보를 알리는 것으로는 부족하다. 목표달성에 대한 열망과 절실함의 감정에 공감하도록 이끌어야 한다. 궁극적으로 구성원들이 구체적인 실행 과정에 참여하고 행동하도록 영향력을 발휘해야 한다. 리더의 소통 스킬은 사실과 감정, 그리고 의도까지 충실하게 공유하는 것에 머물지 않고 상대방을 설득할 수 있어야 한다.

이 책은 리더의 역할 수행에 요구되는 소통 스킬을 다루었다. 새롭게 리더 역할을 시작하는 신임 리더들과 변화된 환경에 적합한 리더의 소통 스킬 향상에 관심이 있는 리더들을 주된 독자로 염두에 두었다.

다양한 관심사와 공유 가치를 가진 소규모 집단에서도 적용할 수 있는 리더의 소통 스킬을 다루었지만, 보다 명확한 목표달성과 생산성 향상이 주된 관심사인 팀과 조직의 상황을 중심으로 사례를 구성하였다.

누구나 꾸준한 훈련과 노력이 병행된다면, 갖출 수 있는 실천 가능한 내용으로 구성하였다. 리더가 마주하는 목적과 대상, 그리고 상황에 따라 적합한 소통 스킬을 구분하여 소개하였다.

1장에서는 리더의 좋은 의도를 효과적으로 담아내는 형식인 소통 스킬의 중요성에 대해 소개했다. 그리고 새로운 변화환경에 적합한 소통 전략을 3가지로 제시하였다. 첫째, 구성원들이 의사결정 과정에 참여하도록 이끌어야 실행력을 확보할 수 있다. 둘째, 서로 공유하는 것이 적은 상황을 고려한 서양의 저맥락적 관점을 반영해야 한다. 셋째, 비대면이 일상이 된 디지털 환경에 적합한 하이브리드 소통을 구사할 수 있어야 한다.

2장에서는 구성원을 포함한 다양한 이해관계자와 신뢰를 구축하기 위한 1대1 소통 방법을 소개하였다. 장기적 관점에서 상호 원윈하기 위해서는, 상대방이 진짜 원하는 것을 파악할 수 있어야 한다. 불안이 일상이 되어버린 상황에서, 상대방의 마음을 열고 라포를 형성하기 위한 구체적인 방법도 제시하였다.

3장에서는 구성원의 공감과 실천 행동을 효과적으로 이끌 수 있는 스토리텔링 방법을 소개하였다. 리더의 스토리텔링은 새로운 목표 제시와 변화 주도가 필요한 상황에서, 구성원의 저항을 극복하고 수용도를 높일 수 있도록 돕는다. 머리로 이해하는 수준을 넘어 마음으로 공감하도록 이끌 수 있는 소통 방법을 다루었다.

4장에서는 구성원의 참여를 이끄는 퍼실리테이션 방법을 다룬다. 앞으로의 팀은 다양성이 높아지고, 이해 충돌 가능성이 더욱 증가하게 된다. 리더는 집단지성을 통해, 복잡한 문제를 해결하도록 이끌 수 있다. 유효한 정보를 제공하고, 양방향 토의과정을 통해 함께 의사결정 할 수 있는 참여적 의사결정 절차를 운영할 수 있어야 한다. 이를 담아내는 형식인 워크숍의 설계와 운영에 필요한 핵심요소를 빠짐없이 제시하였다.

5장에서는 이해 충돌과 갈등 상황을 원만히 해결할 수 있는 협상 방법을 소개하였다. 리더의 소통은 궁극적으로 설득에 있다. 리더는 민감한 상황에서 대립하는 양자의 원만한 합의를 통해 파이를 키울 수 있어야 한다. 데이터를 기반으로 논리적으로 설득하는 방법과 상대방의 심리적 특징을 활용하는 검증된 협상 전술을 다루었다.

6장에서 8장까지는 리더의 성과 관리 상황에 적합한 소통 방법을 소개하였다. 6장에서는 목표 설정과 배분 과정에서, 명확성과 목표 집중에 대한 기대감을 높이는 방법을 다루었다. 7장에서는 과제 추진 과정에 필요한 리더의 소통 방법을 소개하였다. 목표달성과 구성원의 문제해결을 위해, 효과적으로 개입하고 구체적인 도움을 제공하기 위한 소통 방법을 다루었다. 8장에서는 공정하고 객관적인 평가를 위한 소통 방법을 소개하였다. 과거의 결과에 초점을 두기보다, 미래의 성장에 주목하는 육성형 평가로 이끄는 방법을 제시하였다.

9장에서는 까다로운 팀원의 행동 개선을 요구하는 리더의 단호한 소통 방법을 소개하였다. 리더는 팀의 공동 목표에 대한 약속을 저버리거나, 공유 가치를 훼손한 문제 팀원을 방치해서는 안 된다. 인간행동에 대한 원리를 바탕으로 효과적으로 개입할 수 있는 전략을 탐색하고, 상황별 적합한 화법을 충실히 반영하였다.

10장에서는 바람직한 협업 문화 구축과 직원의 긍정 경험을 돕기 위한 소통 방법을 소개하였다. 디지털 환경에 적합한 소통 방식은 기존과 달라져야 한다. 다양성은 집단지성과 시너지를 발휘할 수 있는 토대가 되지만 잠재적 갈등과 소통의 비용 또한 높다. 따라서 구성원들이 긍정적인 경험을 갖고, 효율적으로 소통할 수 있는 다양한 방법을 제시하였다.

리더의 소통 스킬에 대한 완벽한 정답은 찾기 어렵다. 다만, 이 책이 리더의 바람직한 역할 수행에 꼭 필요한 소통 방법이 무엇인지 이해하고 실천할 수 있는 방향으로는 유용한 지침이 될 수 있을 거라 확신한다. 독자의 상황에 따라 관심 분야를 먼저 읽어도 좋다. 그러나 1장과 2장은 반드시 먼저 읽기를 권한다.

목차

9장

팀원의 성과행동 강화를 위한 소통

10장

협업과 시너지의 긍정 경험을 돕는 소통

리더십과
소통

1

리더십은 구성원과 **빈번하게 발생하는** 소통을 통해 발휘된다

1) 리더십 효과성은 리더의 소통 스킬이 결정한다

리더십에 대한 다양한 정의가 있지만, 많은 학자들이 공감하는 부분은 '영향력'이다. 리더십이란 팀의 목표달성 과정에서 리더가 구성원에게 발휘하는 영향력으로 볼 수 있다. 리더가 영향력을 발휘하기 위해서는, 리더가 가지고 있는 '힘'의 크기를 확인해 볼 필요가 있다. 일단 '힘'이 세야, 영향력 발휘에 유리하다.

리더가 보유한 힘은 '포지셔널 파워'와 '퍼스널 파워' 두 가지로 구성되어 있다. 리더는 집단이 공식적으로 부여한 '포지셔널 파워'와 자신이 보유한 '퍼스널 파워'를 가지고 있다. 포지셔널 파워는 '강압적, 보상적, 합법적 파워'로 세분화할 수 있다. 리더의 인간적 특징에 의한 퍼스널 파워는 '준거적, 전문적, 정보적 파워'로 나눌 수 있다.

포지셔널 파워의 경우, 올바르게 사용하면 긍정적인 효과를 얻을 수 있지만 남용하게 된다면 다른 사람을 무력하게 만들 수 있다. 팀원들의 강압적 복종을 요구하는 'PUSH 방식'의 리더십을 발휘할 때 주로 사용한다. 리더의 외적 요인에서 비롯되며, 한계가 존재하며, 유연성이 낮다.

퍼스널 파워는 리더의 내적 특성에서 나오며, 유연성도 높다. 팀의 목표달성뿐 아니라, 다른 사람들과 긍정적 인간관계도 이룰 수 있도록 돕는

구분	파워 유형	세부 내용
포지셔널 파워 (복종)	강압적 Coercive Power	구성원을 위협하거나 처벌할 힘이 있다. (해고, 권한 축소, 좌천 등)
	보상적 Reward Power	구성원들에게 보상해줄 힘이 있다. (승진, 이동, 급여 인상 등)
	합법적 Legitimate Power	공식적인 직무권한 규정에 따른 힘이 있다. (지시명령권, 의사결정권 등
퍼스널 파워 (자발적 추종)	준거적 Referent Power	카리스마와 다양한 매력을 갖고 있어, 구성원이 따르고 싶어 한다.
	전문적 Expert Power	전문지식과 스킬을 바탕으로 문제해결 능력이 높아, 구성원이 도움을 요청한다.
	정보적 Informational Power	다양한 정보를 갖고 있어, 구성원들이 도움을 요청한다.

출처: 존 프렌치(John French)와 버트램 레이븐(Bertram Raven), 1959, *The Bases of Social Power*

다. 팀원들의 자발적 추종을 이끌어 내는 'PULL 방식'의 리더십을 발휘할 때 사용한다. 공식적 역할을 수행하지 않더라도, 영향력을 발휘할 수 있는 힘의 원천이 된다. 가장 큰 차이점은 한계가 없다는 점이다.

한편, 리더가 보유한 전체 파워가 크더라도 구성원에게 전달하는 '소통 과정'에 따라서 리더십의 효과성으로 볼 수 있는 '영향력' 수준이 달라질 수 있다. 바꾸어 말하자면, 리더의 소통 스킬이 우수하다면 보유하고 있는 파워보다 더 큰 '영향력'을 행사할 수 있다는 의미다.

리더의 소통 스킬이 영향력의 변수가 된다.

2) 좋은 의도를 담아내는 형식까지도 적합해야 한다

모든 부모님들은 사춘기 자녀에게 '좋은 의도'를 담아 메시지를 전달한다. 선생님들도 마찬가지다. 학생들을 올바른 방향으로 이끌기 위해 '좋은 의도'를 담아 교육한다. 다양한 집단의 리더도 공동의 목표를 보다 효과적이고 효율적으로 달성하기 위해 '좋은 의도'로 소통한다.

그러나 대부분의 경우 자녀와 학생 그리고 구성원 입장에서는 '듣기 싫은 잔소리'로 이해하는 경우가 적지 않다. '좋은 의도'만으로는 소통의 목적을 온전히 달성하기 어렵다.

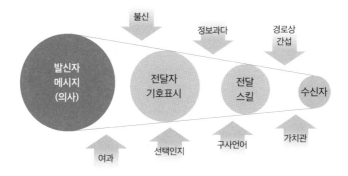

의사소통 구조를 통해서 이해해보면, 발신자는 자신에게 익숙한 방식으로 메시지를 구성해서 전달하지만 수신자는 자신의 주관적 경험과 가치관이라는 필터를 통해서 재구성하게 된다. 무엇보다 발신자에 대한 신뢰수준에 영향을 받게 되는데, 이런 장애물들을 소통의 장벽인 노이즈 Noise라고 부른다. 결국 상당한 주의를 기울이지 않고는 의도한 소통의 목적을 달성하기 어렵다.

리더와 구성원의 소통이 실패하게 되면, 모두에게 큰 손실이다. 그러나 책임소재를 나눠보면 리더가 훨씬 큰 책임을 부담해야 한다. 발신자인 '리더 관점'보다는 수신자인 '팀원 관점'에서 접근해야 함을 의미한다.

3) 리더의 소통 상황은 언제인가?

모든 팀은 상호 보완적인 기능을 가진 사람들이 공동의 목표달성을 위해, 상호 책임을 공유하고 공동의 문제해결 방법을 사용한다.

팀의 특징을 간략하게 정리하자면, 첫 번째는 공동의 '목표 Goal'을 가지고 있다. 두 번째는 2명 이상이 상호 의존적인 '역할 Role'을 분담한다. 세 번째는 합의된 프로세스로 일하기 위한 팀 고유의 '규칙 Rule'을 만든다. 무엇보다 충실한 소통을 통해서 시너지를 추구한다. 다양한 사람들이 협력하는 과정이기 때문에, 팀의 소통 수준이 성과를 결정한다고 봐도 무리가 아니다.

모든 조직은 '공동의 목표달성'을 위해서 존재한다. 조금은 건조하게 들리겠지만, '과업'이 가장 우선이다. 물론, 장기적 관점을 반영해야 하므로 '구성원과의 관계'를 고려한 신뢰는 간과할 수 없는 부분이다.

형식	스피치(설명)	회의(워크숍)	면담
목적	목표 공유, 변화 방향 공유, 참여 유도	참여적 의사결정, 집단 지성 촉진, 갈등 조정	경청, 질문, 인정/칭찬, 행동 변화 피드백, 합의 도출, 고충 청취
대상	집단 (2인 이상)		개인
소통 스킬	스토리텔링	퍼실리테이션	코칭

리더는 상황에 따라서 '성과와 과업에 대한 이성적 메시지'를 전달할 때도 있고, '관계와 사람에 대한 감성적 메시지'를 다루기도 한다. 과업 측면에서는 '목표'와 '역할' 그리고 '프로세스와 규칙' 등의 주제를 다루게 된다. 관계 측면에서는 '이해 충돌과 갈등' 그리고 '의욕과 고충 처리' 등을 소통하게 된다.

그 형식은 스피치와 회의 그리고 면담으로 나누어 볼 수 있다. 눈에 보이지 않는 주관적 측면의 '좋은 의도'를 왜곡 없이 구체적으로 전달할 수 있는 '적합한 형식'도 필요하다. 의미만 있을 때는 공허하게 느껴지고, 형식만 있을 때는 불필요한 관행으로 여겨지곤 한다.

모든 의미와 형식은 함께 있을 때, 가치가 있다. 그러므로 리더는 리더십 효과성을 높이기 위해 목적과 상황에 적합한 소통 스킬을 훈련하고 개발할 필요가 있다.

2

새로운 환경의
소통 스킬은
달라져야 한다

1) 업무 특징의 변화: 정답이 없는, 불확실하고 모호하고 예외적인
일들이 증가한다

과거의 조직은 리더의 전문성과 경험을 토대로, 나름의 '정답'을 제시하는 것이 효과적이었다. 외부 환경 변화에 빠르게 대응하기 위해 진지한 고민보다는 탁월한 리더의 방향성 제시가 중요했다. 구성원 입장에서는 '정해진 일들을 효율적으로 수행하는 것'Do thing rightly에 초점을 두었다.

그러나 변화된 환경에서 직면하는 일들은 과거와 사뭇 달라졌다. 기존의 매뉴얼과 프로세스로 해결하기 어려운 예외적이며, 복잡한 일들의 비중이 증가하였다. 낯선 문제를 빠르게 해결해야 하는 상황에서 리더도 명확한 답을 제시하기 어려운 상황이 되었다. 오히려 집단 구성원 다수의 협력을 통한 해결이 필요해졌다. 기존의 분업 방식에서 진짜 협업이 요구되는 상황으로 변화한 것이다.

2) 조직 구조의 변화: 집단 구성원들의 다양성이 증가한다

디지털 환경이 만든 세상의 변화는, 아날로그 기반 사회에서 오랜 시간 살아온 기성세대와 젊은 세대의 차이를 만들었다. 삶의 방식이 달라졌기 때문에 중요하게 생각하는 '가치'도 달라졌다.

과거 공통적 속성을 기반으로 함께 집단을 이루었던 생활양식에서, 서로 공유하는 부분이 적은 이질적인 다수가 모여서 새로운 팀과 조직을 구성하는 시대가 되었다. 시간과 공간, 인간의 문화적 차이까지 극복한 낯선 팀이 꾸준히 증가하고 있다.

노동 관련 법규도 일터인격권과 차별금지 등 개인의 권리를 명확하게 보장하고, 확대되고 있다. 소수가 독점하던 중요한 정보들도, 모든 사람이 접근 가능하도록 개방되고 사람들의 참여를 유도하고 있다. 다양하고 수평적인 조직의 형태로 전환하면서, 다양성을 관리하고 이해 충돌을 조

구분	기존의 모습	변화의 방향
업무 특징	정형적/안정적	비정형적/예외적
	정답이 있는 경우, 기억력 Guideline/Manual	정답이 없는 경우, 창의성 Project/Trouble shooting
	지시와 수명	자율과 책임
	분업(分業)	협업(協業)
	양(Volume), 효율성 열심히!	질(Value), 효과성 제대로!
조직 구조 특징	집단 중시	개인 중시
	동질성, 폐쇄성	다양성, 개방성
	감성적, 관계 기반	이성적, 계약 기반
	수직적	수평적
소통 방식	일방적 소통, One-way	참여적 소통, Two-way
	고맥락적 소통	저맥락적 소통
	면대면 소통	하이브리드 소통

정하는 소통 스킬이 더 중요해졌다.

3) 새로운 환경에서 리더의 소통 스킬은 달라져야 한다

서로 배경이 다른 이질적인 팀원들이 함께 효과적으로 협업하기 위해서는 기존의 소통 방식과 달라져야 한다. 참여적 소통, 저맥락적 소통 그리고 하이브리드 소통 3가지를 강조하고 싶다.

첫째, 참여적 소통을 해야 한다.

리더가 답을 정하고, 팀원은 비판 없이 수용하고 실행해야 하는 관점은 더 이상 유효하지 않다. 리더는 팀의 목표와 전략, 변화 방향 등에 대한 정보를 충실히 제공해야 한다. 팀원 입장에서 Why에 대한 타당한 설명을 들을 수 있어야 한다.

팀 운영 또는 과업 추진과 관련하여 팀원들의 다양한 관점과 아이디어를 상호 교환할 수 있는 기회도 마련되어야 한다. 무엇보다 사안에 따라서는 팀원 전체가 함께 공동 의사결정까지 할 수 있어야 한다. 그래야 팀원들이 납득할 수 있고 궁극적으로 수용도가 높아진다.

둘째, 저맥락적 소통을 해야 한다.

눈치와 염치를 기반으로 하는 기존의 암묵적 비언어적 메시지로는 더이상 소통할 수 없다. 리더는 자신이 알고 있는 것을 팀원들은 모를 수 있다는 전제로 소통해야 한다. '이 정도는 당연히 알고 있겠지!'라는 식의 가정은 철저하게 검증해야 한다. 그러므로 과거와 달리 매우 구체적이고 상세하게 전달해야 한다.

상황에 따라서는 주관적 해석이 달라지지 않도록 숫자를 기반으로 소통하거나, 6하원칙을 충실하게 반영하여 메시지를 구성해야 한다. 비공식적인 관계에 의존하기보다는 공식적 소통 채널을 활용해야 한다. 타인을 통하지 않고 직접적으로 전달하도록 애써야 한다.

한편 서양 사람들도 친밀한 관계에 속하는 사람들은 서로 고맥락적으로 소통한다는 점에 주목할 필요가 있다. 이런 관점에서 팀이 보다 안정적이고 효율적으로 소통하기 위해서는, 서로 공유하는 부분을 확대하기 위한 노력을 지속적으로 병행해야 한다.

셋째, 하이브리드 소통을 해야 한다.

디지털기기를 통해 네트워크에 접속할 수 있다면, 그곳이 일터가 될 수 있는 환경이 구축되었다. 여기에 코로나 팬데믹을 거치며 리모트워크의 안착과 생산성도 높아졌다. 그런 만큼 팀이 공간과 시간을 함께하지 못하는 경우에도, 명확하고 신속하게 소통할 수 있어야 한다.

리더는 대면 소통의 장점과 비대면 소통의 장점을 극대화해야 한다. 화상회의와 실시간 협업 도구를 원활하게 사용할 수 있어야 한다. 이를 위해서는 팀 전체가 효율적으로 활용할 수 있는 도구를 사전에 합의하고, 익숙해지도록 훈련하는 과정이 필요하다.

리모트 상황에서는 5감각적 정보를 실시간으로 교류하기 어렵다는 점을 유념해야 한다. 더욱이 리모트 상황에서 일하는 팀원들은 고립감과 불안감을 쉽게 느끼게 된다. 그러므로 리더는 팀원들과 감정 소통과 심리적 안전감 확보를 위해 노력해야 한다. 팀원들과의 신뢰 형성 그리고 팀원의 육성과 고충 처리 등을 위한 소통은 대면 상황을 활용하는 것이 보다 효과적이다.

2장

신뢰 구축을 위한
1대1 대화 방법

이번 장에서는 리더십과 의사소통의 핵심 토대가 되는 '신뢰'를 형성하기 위한 1대1 대화 방법을 소개하겠다. 리더는 팀의 성공을 위해 팀원과 상사, 그리고 내외부 고객들과 우호적인 관계를 넘어 신뢰 관계를 구축해야 한다. 상대방과 처음 관계를 맺는 과정에 고려해야 하는 심리적 특징과 효과적 접근 전략에 대해서 살펴보겠다.

1

신뢰
구축

1) 처음부터 신뢰하는 관계는 존재하지 않는다

팀을 통해서 공동의 목표달성을 추구하지만, 대부분의 팀원들은 '계약을 기반'으로 관계를 시작한다는 점에 주목할 필요가 있다. 왜냐하면, 탑다운Top Down 방식으로 조직의 명령에 따르거나 근로계약이 첫 번째 동인이기 때문이다. 자발적 추종과 몰입이 가능한 높은 '신뢰수준'을 기대하기 어렵다. 그러므로 리더가 팀원들과의 신뢰를 형성하고 두텁게 쌓아가는 것을 첫 번째 과제로 볼 수 있다.

이는 팀원에 국한된 이야기가 아니다. 상사와 내부 및 외부 고객에게도 마찬가지다. 기존에 관계를 맺었더라도, 리더로 역할을 전환한 후 관계를 맺는 것은 달라지기 때문에 새롭게 신뢰를 형성해야 한다.

2) 신뢰는 매우 값어치가 높다!

세상에 처음부터 구성원의 전폭적인 지지와 신뢰를 얻는 리더는 매우 드물다. 마치 계단을 오르듯 단계적으로 신뢰를 두텁게 쌓아가기 마련이다. 신뢰는 미끄럼틀의 모습과 비슷하다. 워런 버핏은 신뢰에 대해 "명성을 쌓는 데는 20년이 걸리지만, 그 명성을 까먹는 데는 5분밖에 걸리지 않는다."고 말했다.

리더의 말과 행동에 대한 구성원들의 신뢰수준은 팀의 '과업추진 속도'와 '소통의 비용'을 결정한다. 실제 신뢰수준이 낮은 시장에서 낯선 사람들과의 거래를 보면, 이를 안전하게 중재하는 '등기와 공시'에 복잡한 절차와 비용이 요구된다. 상대방이 제시한 약속만 믿고 무언가를 과감히 거래하기에는 위험이 너무 크기 때문이다.

당근마켓이라는 앱이 빠르게 성장한 배경에는, 거래의 상대방에 대한 신용도를 온도와 이전 거래자의 피드백을 기반으로 어느 정도 파악할 수 있기 때문이다. 여기에 주목할 부분은, 온도를 급격히 올리는 것은 불가능하며 피드백도 다른 사람이 결정한다는 점이다.

만약 높은 수준의 신뢰를 쌓고 있다면, 불필요한 절차와 서류 등의 소통 과정은 과감히 생략할 수 있다. 마치 오랜 단골에게 담보 없이 외상으로 물건을 선뜻 내어주는 것과 비슷하다. 이처럼 신뢰는 눈에 보이지 않지만, 신뢰가 낮은 경우 더 높은 이자를 부담해야 하는 상황이 '대출'이다. 금융거래에서는 '신용도'라고 부르며, 시장에서는 '브랜드'라고 부른다.

3) 무엇을 신뢰하는 것일까?

여러분이 깊이 신뢰하는 주변의 한 사람을 떠올려 보라. 그 사람을 신뢰하는 이유가 무엇인가? 이런 질문을 해 보면 대부분의 사람들은 상대방의 내적 특성인 성품과 어떤 일을 해낼 수 있는 실력을 언급한다.

스티븐 M. R. 코비의 저서 『신뢰의 속도』에서는 신뢰수준이 높은 리더의 행동을 13가지로 제시하는데, 그 핵심은 앞서 언급한 2가지와 동일하다. 첫째는 상대방의 훌륭한 성품Character이고, 둘째는 과제를 해결할 수 있는 역량Competence이다.

만약 성품과 역량 중에 하나만 꼽으라면 요청하면 무엇을 선택하겠는가? 단기적 관점의 거래를 위한다면, 역량을 선택할 수 있다. 하지만 장기적 관점을 고려한다면 단연 성품을 선택할 것이다.

리더는 상대방에게 일관된 약속 이행을 통해 신뢰를 쌓아야 한다. 구체적인 결과물, 즉 성과를 통해서 '상대방의 신뢰가 옳았음을 입증'해야 한다. 작고 사소한 약속부터 꾸준히 지킨다는 점을 보여줘야 한다. 이는 적지 않은 시간이 필요하다. 짧은 시간 친밀감은 형성될 수 있지만, 깊은 신뢰를 기대하기는 어렵다. '한결같은 모습'이 그들에게는 신뢰할 수 있는 성품으로 인식될 수 있다. 손해를 보더라도 말한 것은 반드시 지키고, 어렵다면 빠르고 솔직하게 사과해야 한다.

2

기대치
파악하기

1) 결론 중심의 직설화법은 어디에나 적용 가능한가?

요즘에는 자신의 생각과 감정을 당당하고 솔직하게 표현하는 경우가 증가하고 있다. 대중적 인기를 얻고 있는 유명인들이 자신의 종교와 정치, 성적 정체성을 공개적으로 드러내는 행동을 '미닝아웃'Meaning Out이라 부른다. 이를 용기 있고 바람직한 행동으로 인정하는 쪽으로 사회적 분위기도 바뀌어 가고 있다.

그러나 여전히 집단주의적 문화 속에 살아가는 다수의 사람들은 자신의 속내를 드러낼 수 있는 '적합한 상황'을 탐색하고 표현을 유보하거나 우회적으로 전달하는 경우도 적지 않다.

충청도에 살고 있는 한 친구가 이야기를 전해줬다. 80대 중반의 부모님을 모시고 외삼촌 댁에 방문했다가, 다음 날 아침 식사 후 담소를 나누다가 일어날 채비를 하는 중이었다고 한다. 사촌 형님께서 "점심 식사 하시고 출발하시지요?"라고 좀 더 계시라고 친구의 부모님께 말씀드렸다. 이에 부모님께서는 "폐를 끼쳐서 되나, 우리는 가는 길에 휴게소에서 먹을게."라고 고사하셨다. 그랬더니, 사촌 형님께서는 "그럼 안전하게 살펴 가세요."라고 작별인사를 드렸다고 한다. 문제는 이때부터였다. 집으로 돌아오는 2시간 내내, 뒷좌석의 친구 부모님께서는 "그놈이 예의 없다, 적어도 세 번은 물어봐야 하는 것 아니냐?"라며 불만을 토로하셨다고 한다.

그냥 웃어넘기기엔 안타까운 소통 오류 상황이다. 서로 '진짜 원하는 것'에 대한 이야기를 나누지 못했기 때문에 소통은 실패한 것이다. 다양한 세대가 팀을 통해서 함께 협업하는 상황이라면, 표현 방식이 다를 수 있다는 점을 인식해야 한다. 결론 중심의 단도직입Get to the point 방식을 지향하지만, 처음 관계를 맺는 상황이라면 상대방에게 시간을 주고 기다리는 것도 방법이다.

2) 빙산 모델

프로이트는 인간 정신을 빙산 모델로 이해하기 쉽게 설명했다. 빙산의 특징은 수면 위에 드러나 관찰과 측정이 가능한 부분은 전체 중 5% 미만에 불과하고, 대부분은 수면 아래 잠겨 있다는 점이다. 가끔 파도가 칠 때, 조금씩 수면 아랫부분의 일부를 볼 수 있는 정도다. 웬만해선 수면 깊숙한 부분은 좀처럼 알 수 없다.

원래 빙산 모델은 의식과 전의식, 그리고 무의식을 묘사했다. 이를 소통 상황으로 이해하면, 수면 위에 드러난 부분은 상대방의 '말과 행동'으로 사실Fact로 볼 수 있다. 파도가 칠 때 조금씩 드러나는 부분은 상대방의 '감정 상태'로 감정Feeling으로 볼 수 있다. 그리고 수면 아래 잠겨진 부분은 상대방의 '의도에 해당하는 동기와 가치'로 관심사Focus로 볼 수 있다.

인간행동을 이해할 때, 드러난 말과 행동은 분명 '원인이 되는 동기'가 있다는 점을 주목해야 한다. 수면 깊숙이 있기 때문에, 파악은 어렵지만 '쉽게 바뀌기 어렵다'는 점에서 앞으로의 행동방식을 예측하는 중요한 단서로 볼 수 있다.

3) 표면적 요구에서 욕구, 관심사에 주목하라!

만약 상대방이 관계보다는 결과가 중요한 단기적 거래 관계라면 사실 위주로 간결하고 빠르게 소통하는 것도 좋다. 법적 계약을 기반으로 한 거래에서는, 구체적으로 표현하거나 서명한 사실을 중심으로 다룬다. 상대방의 감정이나 관심사를 깊이 알아야 할 실익이 없다.

그러나 공동의 목표달성을 위해 장기적 관점에서 서로 의존적인 역할과 책임을 공유하고 있는 팀이라면 접근 방법은 달라져야 한다. 피상적인 수준의 건조한 과업 중심적 대화로는, 진짜 원하는 것을 얻지 못할 가능성이 높다.

리더는 팀이 추구하는 목표와 구성원과 상사 등의 이해관계자가 원하는 관심사를 파악해야 성공으로 이끌 수 있다. 팀은 높은 성과를 내지만, 구성원들은 불만을 갖고 번아웃이 된다면 온전한 성공으로 보기 어렵다.

팀과 개인 모두 윈윈할 수 있어야, 장기적으로 더 큰 성공을 기대할 수 있다. 그러므로 리더는 상대방의 감정과 관심사를 파악하기 위한 소통 스킬이 꼭 필요하다.

3

마음
열기

1) 방어기제를 넘어, 라포를 형성하라

1대1 대화에서, 처음부터 자신의 속내를 드러내는 사람들은 거의 없다. 상대방에 대해 '안전하다'는 인식을 갖기 전에는 말과 행동을 조심하고 경계하기도 한다. 인간의 생존본능인 방어기제 때문이다.

방어기제defense mechanisms란 모든 생명체가 갖고 있는 생존 반응으로, 외부의 자극이 자신에게 위험이라고 인식되면, 자신을 보호하기 위해 자동적으로 반응하는 메커니즘이다. 예를 들어, 길고양이에게 먹을 것을 주더라도 경계심이 낮춰지지 않으면 심한 허기에도 불구하고 쉽게 먹지 않는 모습을 떠올려도 좋다. 고양이 입장에서 어느 정도 안전하다고 판단된 이후에, 비로소 음식을 먹기 시작한다.

방어기제는 정신분석학의 대가 프로이트가 처음 제시한 개념을 그의 딸 안나 프로이트가 체계화했다. 방어기제는 크게 3가지 생존 반응으로 나타난다. 첫째는 순간 얼어버리는 것이다(Freeze). 둘째는 신속히 회피하려는 것이다(Flee). 셋째는 최후수단으로 맞서 싸우는 것이다(Fight).

심리학자 대니얼 카너먼이 이야기했듯이 시스템1이 작동하여, '자신의 생존에 도움이 되는지 여부'를 빠르게 계산한다. 쉽게 말해, '좋아? 싫어?'라는 감정적이고 직관적인 판단을 내리게 된다. '맞아? 틀려?'라는 이성적이고 분석적인 판단은 기대하기 어렵다. 오히려, 일단 '좋아'라는 인식이 들면 '맞아'라는 판단으로 이어질 가능성이 높다. 그러므로 대화의 상대방이 '안전하다', '믿을 만하다'는 인식을 하도록 도와야 한다.

상대방과의 긴장 관계를 편안하게 이완시키고, 생각과 감정을 공유할 수 있는 상황이 조성되었다면 '라포Rapport'가 형성되었다고 볼 수 있다. 라포는 프랑스어로 '다리를 놓다'라는 의미다. 심리학에서는 상대방과 어느 정도 상호 신뢰 관계가 형성되었을 때를 지칭한다. 마치 보이지 않는 무선인터넷 중계기에 안정적으로 접속이 된 상태와 비슷하다. 접속된 이후에, 비로소 의도했던 문서와 사진 그리고 음악과 영상 등의 다양한 정보를 교환할 수 있다.

높은 수준의 신뢰는 아니더라도, 상대방에 대한 방어기제를 제거하고 '중립적 또는 친근함을 갖는 수준'은 되어야 한다. 그래야, 한 단계 높은 수준의 신뢰 관계로 나아갈 수 있게 된다.

2) 비언어적 메시지가 우선이다

〈비긴 어게인〉이라는 예능프로그램을 본 적이 있는가. 우리나라 가수들이 팀을 이루어 유럽 여러 나라에서 길거리 공연을 하는 프로그램이다. 나는 〈비긴 어게인〉 시즌2 8화가 오랫동안 기억에 남는다. 포르투갈 어느 공원에서 가수 박정현 님이 자신의 노래를 부르는 장면이다. 그곳을 지나던 시민들이 발걸음을 멈추고 노래에 귀 기울이며 감정에 몰입하는 표정을 확인할 수 있었다. 분명, 우리말로 된 노랫말이라 알아듣지는 못했을 것이다. 그들에게 전달된 것은 박정현 님의 표정과 리듬, 박자, 음정에 대한 정보들이었다. 이어 가수 하림 님이 자신의 곡을 불렀다. 반응은 마찬가지였다. 가수가 전달하고자 하는 '감정'과 '메시지'는 충분히 전달된 것이다.

미국의 심리학자 폴 에크만Paul Ekman은 그의 책 『표정의 심리학』에서

인종과 언어, 그리고 문화가 전혀 다른 사람들이라도 사회적으로 학습된 표정은 보편적이며 차이가 없다는 연구결과를 발표했다. 소통 과정에서 상대방의 표정을 바탕으로 감정을 미루어 짐작하는 방식은 전 세계 모든 사람이 동일하다는 것이다.

실제 소통 장면에서 가장 빠르게 전달되는 것은 '첫인상의 법칙'에서 연상할 수 있듯이, '시각과 청각'의 비언어적 메시지다. 방어기제가 작동할 때, 외부의 다양한 자극을 5감각을 통해서 지각하는 인간의 행동방식과 관련이 깊다. 몽골 초원에서 오랜 세월 정착해온 원주민들은 시력이 2.0이 넘는 경우가 많다고 한다. 이는 멀리서 어떤 위험이 올지 빠르게 파악하고 대처하기 위해 생존에 유리한 방식으로 적응했기 때문이다.

주목할 부분은, 소통 상황에서 장기적이고 지속적인 관계를 기반으로 하는 경우 '감정'이 '사실과 논리'에 앞선다는 점이다. 상대방에게 편안한 감정, 안전한 감정을 효과적으로 전달하기 위해서는, 표정과 제스처, 목소리 톤 등을 점검해야 한다. 일단 상대방과 시선을 마주치면, 밝은 미소와 함께 경쾌한 인사말을 전하는 것부터 습관화해야 한다. 반가움에 대한 악수를 청하거나, 주먹 인사를 건네는 것도 좋다.

3) 라포 형성을 위한 소통 스킬 3가지

라포 형성을 위해, 비언어적 메시지를 적절하게 활용하는 것이 효과적이다. 왜냐하면, 상대방의 감정은 시각과 청각에 영향을 받는 매우 빠른 무의식적 반응이기 때문이다. 실제 빛과 소리는 매우 빠르며, 물리학자 김상욱 교수님의 표현대로 '울림과 떨림'을 통해서 전달된다. 어쩌면 라포 형성은 나와 상대방의 공명共鳴, Resonance 과정으로 볼 수 있지 않을까 싶다.

첫째, 미러링 Mirroring

대화의 상대방이 마치 거울에 비친 자신의 모습을 보는 것처럼, 비슷한 동작이나 자세를 따라 하는 스킬이다. 과장된 연출보다는 상대가 의식하지 못하도록, 자연스럽게 따라 할 때 편안함을 느끼게 할 수 있다. 예를 들어, 상대방이 몸을 기대거나 팔짱을 낀다면 이를 동일하게 따라 하는 것이다.

둘째, 페이싱 Pacing

상대방의 호흡에 맞추어, 말하는 속도와 크기 등을 조절하는 스킬이다. 이를 통해 상대방의 입장과 감정에 공감하고 있다는 메시지를 전달할 수 있다. 상대방이 보다 편안하고 자유롭게 자신의 생각을 말하도록 도울 수 있다.

셋째, 백트랙킹Backtracking

상대방의 이야기를 주의 깊게 경청하고 있다는 사실을 보여주는 스킬이다. 상대방이 한 말을 동일하게 반복하는 재진술Restate과 자신의 언어로 바꾸어서 말하는 환언Paraphrase하기, 그리고 핵심적인 내용을 요약Summarize하는 방법이 있다. 예를 들어, 환언은 상대방이 "서비스가 형편없었다."라고 말했을 때, "서비스가 불만족스러우셨군요."로 바꾸어 말할 수 있다. 요약은 상대방이 "첫째 매뉴얼이 부족했고, 둘째 구성원이 불친절했고, 셋째 사장님도 만날 수 없었다."라고 말했을 때, "그럼 제가 어떻게 해드리면 될까요?"로 핵심을 재조직해서 말할 수 있다.

미러링과 페이싱은 보디랭귀지를 활용한 경청 스킬이라면, 백트랙킹은 명확하게 표현하는 말하기 스킬이라고 할 수 있다.

4) 공감 능력은 리더십과 소통의 성공을 결정한다

아기가 언어를 습득하는 과정은 한 사회의 구성원이 되기 위한 학습 과정으로 볼 수 있다. 갓난아기가 처음 마주하는 세상은 엄마와 가족이다. 말과 글을 모르는 상태이지만, 시각과 청각 그리고 보디랭귀지를 통해 필요한 의사소통을 하게 된다. 아기는 엄마를 모방하며 자신을 이해하고, 사회적 감정을 학습한다. 상황에 따라 적합한 감정 소통을 익히면서,

언어와 공감 능력을 키우게 된다.

공감共感, Empathy이란, 상대방이 느끼는 희로애락의 감정을 동일하게 느끼는 상태를 의미한다. 상대방의 입장에서 상황을 인식하고, 같은 감정을 표현하거나 입장을 인정하는 반응이다.

공감을 표현하고, 공감을 이끌어 내는 기술은 효과적 소통을 위해 꼭 필요하다. 상대방과 공감대를 형성하지 못하면 라포를 형성할 수 없다. 상대방과 입장, 의견, 주장이 다르더라도 공감은 가능하다. 옳고 그름을 다투는 이성적 논쟁과 다른 차원에서, 공감은 열린 마음으로 상대방을 이해하고 인정한다는 메시지를 전달할 수 있다.

공감 능력은 자신과 상대방의 감정 상태를 인식하고, 적합하게 조절하는 능력을 의미한다. 다니엘 골먼이 제시한 감성지능Emotional Intelligence과 같은 개념으로 볼 수 있다. 다양한 리더십 연구에서도, 탁월한 리더들의 공통점으로 공감 능력을 꼽고 있다.

공감 능력을 키우기 위해서는, 상대방 입장에서 느끼는 감정을 학습해야 한다. 대인관계를 통해서 배울 수 있지만, 시행착오의 높은 수업료를 지불해야 한다. 쉽게 접근할 수 있는 방법은 고전문학이나 영화, 드라마 등을 통해서다. 특히 세계적인 고전의 경우, 시공간을 초월해 언어와 인종 등 문화가 다른 다수의 사람들에게 공감을 얻었다는 점에서 강력히 추천할 수 있다. 역사와 휴먼다큐도 훌륭한 학습 자료다.

"인간극장을 꾸준히 시청하며 다양한 삶의 현장에서 사람들이 느끼는 희로애락을 간접적으로 경험하는 것"이 탁월한 연기력의 비결이라고 대답한 배우 나문희 님의 인터뷰 내용도 인상적이다.

공감 능력을 높이려면, 유태인의 하브루타 학습법을 적용하면 효과적이다. 이는 2명이 짝을 지어 설명과 질문 그리고 답변하는 대화를 통한 전통 학습법이다. 핵심은 질문이다.

- 만약 내가 주인공 또는 등장인물의 입장이라면 어떤 감정이 들었을까?
- 이야기의 무엇을 바꾸면, 결론이 달라질까?
- 이야기와 비슷한 상황이 내 삶에는 어떤 것이 있을까?
- 이야기에서 배우고 적용할 시사점은 무엇인가?

스스로 질문하고 답을 해도 좋고, 소감문이나 일기 형태의 글로 작성하는 것도 좋다. 마음이 통하는 누군가와 대화한다면 훨씬 효과적이다.

5) 공감대 형성, 작고 사소한 공통점에서 시작하라

영화 〈굿 윌 헌팅〉은 윌(맷 데이먼)이라는 천재 소년의 심리상담 과정을 다룬 내용으로, 많은 사람들에게 공감을 얻었다. 집행유예의 조건으로 매주 2회 심리상담을 받도록 법원을 명령을 받고, 그의 보호 담당자인 제랄드(스텔란 스카스가드) 교수는 적합한 상담자와의 미팅을 주선한다. 그러나 윌의 무례한 행동과 거친 말투 그리고 강한 방어기제 때문에 전문가들이 번번이 그만두게 된다. 제랄드 교수는 학창시절 친구였던 숀(로빈 윌리엄스) 교수에게 어렵게 부탁한다.

이 과정에서 숀 교수가 윌의 마음을 여는 모습은 시사점이 있다. 숀 교수는 윌의 불량스러운 태도에 화가 나지만 인내심을 발휘하며, 그에게 기회를 준다. 그리고 오랜 기간 기다린다. 숀 교수는 윌과 비슷한 유년 시절의 상처에 대해서 '자기노출'을 하며, 윌에게 진심으로 다가간다. 윌은 숀 교수도 자신과 동일하게 가정폭력으로 얼룩진 과거가 있었다는 공통점을 알고 난 뒤에 마음을 활짝 열고 오열한다. 숀 교수는 윌의 범죄 행동이 환경에 기인한 것이라며 "네 잘못이 아냐."라고 위로하고 포옹한다. 이후 그들은 신뢰를 바탕으로, 깊이 있는 내면의 관심사에 대한 대화를 나누는 사이가 된다.

상대방의 마음을 열기 위한 공감대를 형성하기 위한 방법에는 무엇이

있을까?

첫째, 상대방을 제대로 아는 것이 우선이다.

상황을 하나 가정해보자. 지금 여러분의 차는 꽉 막힌 도로의 정체 구간에서 적지 않은 시간 동안 대기 중이다. 그런데 여러분 앞에 차량 한 대가 나타나 갑자기 끼어들기를 시도하려 한다. 여러분은 어떻게 대응하겠는가? 넓은 마음으로 양보하는 경우도 있겠지만, 얌체 운전자에게 양보하지 않기 위해 앞차에 더욱 바짝 다가가겠다는 반응도 적지 않을 것이다.

동일한 상황에 정보를 하나 추가하겠다. 지금 끼어들기를 하려는 차량 안에는 촌각을 다투는 위급한 환자가 탑승하고 있다. 새로운 정보를 알게 된 지금, 여러분은 어떻게 대응하겠는가? 대부분 기꺼이 양보해주겠다고 답변할 것이다. 앞서 얌체 같은 행동이라고 해석하고 판단한 것은, 끼어들기 차량의 상황을 우리 입장에서 '미루어 짐작'한 것으로 볼 수 있다. 불확실한 정보에 나의 상황이라고 가정했기 때문에 그런 대응을 한 것이다.

또 다른 상황을 상상해보자. 여러분은 대형마트에서 장을 보고 긴 계산대 앞에 줄을 서 있다. 약속 시간이 촉박해 여유가 없는 상황이다. 그런데 계산담당자가 일이 너무 서툴러서 속도가 나지 않는 상황이다. 어떤 감정이 드는가? 답답하고, 짜증이 나는 상황이 분명하다. 만약, 계산담당자가 여러분의 가족으로 오늘 아르바이트 첫날이라면 어떤 감정이 떠오르는가? 측은한 마음이 들 것이다. 상황은 동일하지만, 상대방에 대한 '정보' 하나 바뀌었을 뿐인데, 상반된 감정과 반응을 보이게 된다. 이처럼 상대방의 입장을 알게 되면, 우리의 반응도 자연스럽게 바뀌게 된다.

상대방을 알기 위해서는 상대방에 대한 관심을 바탕으로 공개된 자료를 찾아보거나, 세심하게 관찰하는 것이 효과적이다. 리더라면 구성원의 안색을 살피는 것을 빼놓을 수 없다. 상황에 따라 아침에 현장 순회를 통해, 일터의 안전과 구성원의 상황을 살피는 루틴이 필요한 경우도 있다. 만약 평소와 다른 표정이 보인다면, 분명 이유가 있을 것이다. 표정은 감정을 추론할 수 있는 훌륭한 단서를 제공해주기 때문이다.

이때 주의할 부분은, 불명확한 것은 상대방에게 직접 질문을 통해서 확인해야 한다. 내 입장에서 익숙한 방식으로 해석하기 어려운, 사람마다 다양한 취향에 속한 영역은 판단을 유보해야 한다. 영어 속담에 '다리를 절며 걸어가는 사람을 보고 판단하기 전에, 그 사람의 구두를 신어 보라Don't judge someone until you've walked a mile in their shoes.'는 이야기가 있다. 우리에게 익숙한 '역지사지易地思之'와 같은 의미다. 만약 상대방이 상사와 구성원이라고 한다면, 공개된 정보와 1대1 대화를 통해서 묻고 확인하는 시간이 꼭 필요하다.

둘째, 공통점을 찾고 확대해야 한다.

우리는 일반적으로 처음 관계를 시작할 때, 어렵지 않게 질문하는 부분이 '혈연과 지연, 학연'에 대한 연결고리다. 오랜 시간 공유하는 부분이 많았던 '집단주의적 문화' 속에서는 아주 익숙하고, 예의에 어긋난다고 생각하지 않는다.

최근에는 불필요한 파벌을 형성하거나, 개인의 프라이버시를 침해할 수 있다는 생각들이 많아졌기 때문에 상황에 따라 주의할 필요가 있다. 다양하고 이질적인 배경을 가진 사람들이 팀을 이루어 협업하게 된다는 점을 염두에 두고, 상대방을 존중하고 인정하는 데 걸림돌이 되는지 점검해야 한다.

날씨나 교통 등 가벼운 일상의 소재를 기반으로 대화를 시작할 수 있다. 정치와 종교 등의 상반된 입장을 보일 수 있는 민감한 주제는 피하는 것이 좋다.

상대방이 좋아하거나 긍정적인 이야기를 선택하는 것이 바람직하다. 가끔 반대로 싫어하는 것이나 부정적인 이야기를 할 때 빨리 친해질 수도 있다. 이럴 경우, 자칫 불평이 많거나 부정적인 사람으로 오해되지 않도록 주의할 필요가 있다.

이후에도 공통점을 기반으로, 가벼운 질문으로 대화를 이어 나가기 쉽다. 구성원이 많거나 기억할 부분이 많다면, 기록하는 것이 효과적이다. 늘 지니고 있는 휴대전화의 주소록 메모 기능을 활용해도 좋다.

리더가 소통해야 하는 다양한 이해관계자와 1대1 대화는 신뢰를 쌓고, 깊은 관심사를 공유할 수 있는 훌륭한 소통 채널이다. 구성원과는 면담으로 볼 수 있고, 상사에게는 상담과 보고를 위한 목적이 될 수도 있다. 협업 부서와 중요한 외부고객과의 대화는 협의와 협상으로 부를 수 있다.

리더 입장에서 대화를 명확한 목표달성을 위한 과업 중심적 결론으로 이끌어야 하지만, '마음'을 여는 과정에서 시작한다는 것을 간과해서는 안된다. 목적과 명칭에 상관없이, 양질의 대화를 위해서 꼭 고려해야 하는 점은 '상대방과의 라포 형성을 위한 마음 열기 스킬'이다. 말투와 표정, 미러링과 페이싱 그리고 백트랙킹 기술은 언제나 어디서도 적용 가능한 훌륭한 습관이 될 수 있다.

3장

목표와 변화 방향
제시를 위한
스토리텔링

리더십은 팀의 목표달성을 위한 과정에서 팀원과의 긴밀한 소통을 통해서 발휘된다. 리더는 새로운 목표를 제시해야 하는 크고 작은 상황을 경험하게 된다. 바꾸어 말하자면, 팀원의 변화를 이끌어야 하는 상황이다. 변화를 성공시키려면, 방향을 명확하게 제시할 수 있어야 한다.

리더는 구체적 사실에 대한 설명을 넘어, 구성원의 관심과 공감을 이끌어 낼 수 있어야 한다. 이를 위한 효과적인 방법이 스토리텔링이다.

1

변화 상황, 구성원의 관심사에 대한
메시지를
명확하게 전달하라

1) 리더는 팀의 지속가능성을 책임진다

리더는 팀의 성공을 통해서 자신의 역할을 입증해야 한다. 누구보다 목표 지향적으로 팀의 방향을 객관적으로 평가할 필요가 있다. 성장을 위해 기존의 방식과 관행을 고수하려는 보편적 관성의 법칙을 고려해 볼 때, 빠르게 바뀌는 외부환경에서 과거의 목표달성 수준조차 유지하기 어려울 가능성이 높다.

러닝머신 위에서 걷기 운동을 하는 모습을 생각해 봐도 좋다. 시속 7km에 맞추어 걸음을 유지하고 있는데, 누군가 속도를 점점 높여 11km

정도에 이른다면 어떻게 해야 할까? 러닝머신에서 넘어지지 않고 버티려면 걸음걸이를 훨씬 빠른 속도로 변화해서 뛰어야 하는 상황이 될 수 있다. 외부환경이 바뀌었기 때문에 그전의 방식으로는 그저 생존을 유지하기도 어렵다.

리더는 현재의 운영적 과업을 충실히 책임지며, 효율성을 높이기 위해서 고민한다. 효율성을 꾸준히 개선하기 위해서는, 기존의 프로세스를 수정하고 보완하는 작은 수준의 변화를 동반한다. 실무를 맡은 구성원 입장에서는 리더의 변화 요구를 부담스러운 숙제로 받아들일 가능성이 높다.

마찬가지로 리더는 빠르게 변화하는 환경 속에서 팀이 존속하고 성장하도록, 미래를 대비한 준비를 병행해야 한다. 외부환경 변화에 관심을 갖고, 위험을 예방하고 기회를 극대화하기 위해 사전에 준비하고 민첩하게 대응할 수 있어야 한다. 이를 위해 기존에 전혀 하지 않았던 낯선 일들을 목표로 설정하고, 도전적인 크고 작은 프로젝트를 추진하게 된다.

2) 성공적 변화? 구성원의 저항 극복이 핵심이다

영화 〈아름다운 세상을 위하여〉에서 새롭게 부임한 교사 시모넷(케빈 스페이시)은 월남전 참전 경험이 있는 상이군인이었다. 중학교 1학년 학생들과 인사를 마친 뒤, 그들이 살고 있는 세상에 대해 질문한다. 학생들은 불만족스러운 현실에 대해서 토로한다. 시모넷은 다시 질문한다. "너희들이 어른이 되었을 때, 여전히 지금처럼 세상이 실망스러울 것이라면 어떻게 하겠니?" 학생들은 절망할 것이라고 답한다. 시모넷은 "그럼, 지금부터 세상을 바꾸면 돼."라고 말한다. 지금부터 노력하면, 어른이 되었을 때 '원하는 모습'으로 변할 수 있다고 강조한다.

시모넷은 일 년 동안 수행할 과제를 제시한다. "세상을 바꿀 수 있는 참신한 아이디어를 내고 이를 구체적으로 실행하라!" 학생들은 너무 어렵고 힘든 과제라고 불평한다. 그러나 시모넷은 그것이 '가능하다'고 강조하고, '너희들 머릿속에서 나올 것'이라고 격려한다. 이후 주인공 트레버(헤일리 조엘 오스먼트)는 대가 없이 누군가에게 도움 주기 아이디어를 내고, 실행하는 모습을 보여준다. 영화는 사실을 기반으로 만들어졌으며, 그 변화는 미국 전체에서 큰 공감을 얻고, 지금도 많은 사람들이 참여하는 사회운동Pay it forward으로 명맥을 잇고 있다.

아주 작고 사소한 생각이 세상을 바꿀 수 있다는 믿음을 현실로 만드는 데 기여한 것이 분명하다. 교사 입장에서, 새로운 과제에 학생들의 공감과 참여를 얻어내도록 하는 일은 쉽지 않은 도전이 분명하다. 어떻게 접근해야 할지 모르는 난해한 과제에 대한 반발은 자연스러운 반응이다.

리더는 크고 작은 변화를 이끌어야 하는 것이 숙명이다.

- 전략과 목표의 수립, 조정, 폐지
- 직무 및 업무 분장 조정: 신설/확대, 폐지/축소 등
- 일하는 방식 변경: 기준, 규칙, 프로세스, 양식, 시스템 등
- 인력 운영: 채용, 이동, 배치 등

리더 입장에서 새로운 목표와 변화를 제시하지만, 구성원들의 입장은 전혀 다를 수 있음을 이해할 필요가 있다. 변화를 이끄는 리더 입장에서는 기회에 주목하겠지만, 구성원들은 위협에 주목할 가능성이 높다. 변화는 기존에 익숙했던 것을 버리고, 낯설고 어색한 상황에 새롭게 적응해야하는 노력이 필요하기 때문이다. 간단히 말하자면, **변화를 통해서 얻게되는 것은 확률적 접근인 반면에 변화 과정에서 잃게 되는 것은 확실하기 때문이다.**

구성원들이 저항하는 이유에 대해, 하버드대 존 코터 교수는 『기업이 원하는 변화의 리더』라는 책을 통해 '혼란, 불확실성, 당혹감, 자신감 결여, 권력게임, 기득권 상실'의 6가지로 제시했다. 여기 주목할 부분은, '실제로 일어날 사실'로 단정하기 어려운 '가능성'이라는 점이다. **결국 구성원 입장에서는 '손실회피 성향'과 '불안감' 때문에 저항하는 것으로 볼 수 있다.**

3) 변화 방향의 명확성은 심리적 안전감을 높여준다

구성원들의 저항을 극복하기 위해서는 설득이 필요하다. 이성과 감성 모두를 효과적으로 활용할 수 있는 소통 전략이 필요하다.

첫째, 구성원의 정서적 측면의 불안감을 없애야 한다.

심리적으로 안전하다는 확신을 느끼게 해주어야 한다. 이를 위해서는 먼저, 리더에 대한 구성원의 신뢰수준을 점검해야 한다. 구성원의 불안감은 리더의 세련된 소통 스킬과 전략만으로는 쉽게 극복하기 어려운 근원적인 장벽이다.

오랜 시간 동안 차곡차곡 한결같이 약속을 지켜왔던 모습이 없다면, 불안감을 해소하기 어렵다. 오히려 새로운 변화의 시기 조정을 검토하는 것이 현실적이다. 시기는 리더와 구성원의 최소한의 신뢰 형성 이후가 바람직하다.

인간의 모든 역사와 과학기술의 발달은 과거를 설명하는 것에 머물지 않고, 미래를 정확하게 예측하는 것에 초점을 두고 있다. 미지의 영역에 존재하는 어둡고 모호한 부분을 명확하게 밝히는 과정을 통해서, 안전하게 생존할 가능성을 높였고 발전을 이루었다. 그것이 '예측 가능성'이다.

리더가 제시하는 메시지도 마찬가지다. 목표와 변화 방향에 대해 구성원 입장에서 앞으로 어떤 일들이 일어나게 될지를 생생한 이미지로 그려볼 수 있다면, 모호하고 불확실했던 불안감이 '안전하다'는 긍정의 감정으로 바뀌게 된다. 리더는 불확실한 사항에 대해, 명확한 메시지를 전달함으로써 예측 가능성을 높일 수 있다.

변화 메시지는 구성원들 입장에서 '모르겠다', '궁금하다'고 생각하는 내용을 명확히 하는 것에서 시작되어야 한다. 이 과정에서 고려해야 하는 사항은, 메시지를 전달하는 발신자 입장이 아니라 수신자인 구성원 입장에서 접근하는 것이다. 변화 과정에서 구성원들이 가장 궁금해하는 사항은 다음의 3가지다.

- **Why, 왜 변화하라고 하는가? "왜 해야 하는지 모르겠다."**
  – 변화의 필요성과 이유에 대한 타당한 근거

- **What, 무얼 바꾸라는 것인가? "무엇이 핵심인지 모르겠다."**
  – 변화해야 하는 아젠다와 도달해야 하는 수준

- **How, 어떻게 하라는 것인가? "어떻게 해야 할지 모르겠다."**
  – 변화를 위해 실행해야 하는 행동과 프로세스

예시) 오늘 7월 1일부터는 담당 업무를 조정할 예정입니다. 새로운 근무형태제와 고객의 A to Z 서비스 완결에 대한 요구가 높아짐에 따라, 기존의 방식으로는 인력 운영의 한계에 이를 것으로 예상됩니다. 게다가 추가 인력을 선발할 예산도 부족하기 때문에, 팀원들의 멀티 스킬 확보가 현재까지는 최선의 대안으로 판단됩니다.

일단 각 파트별로 빈번하게 발생하는 고객 요청 업무 3가지를 발굴해서, 모두 독립적으로 처리해낼 수 있는 역량을 향상시켜야 합니다. 파트별 OJT와 경험 습득을 위해 3개월의 시간을 할애할 예정입니다. 이후 일정은 3월 15일까지 파트별 학습이 필요한 대상 업무를 도출할 예정입니다. 또한 4월 10일까지 기존 담당자의 업무 매뉴얼 업데이트를 완성한 후, 파트별 학습 일정을 수립하고 단계적으로 추진할 것입니다. 세부 일정계획은 메일로 공유하겠습니다.

무엇보다 변화에 대한 아젠다 도출과 추진 방향을 구성원들이 참여한 가운데 함께 만드는 것이 꼭 필요하다. 과정에 참여하면, 결과에 대한 수용도가 훨씬 높아지기 때문이다. 관련 내용은 흐름상 별도의 장에서 다루겠다.

둘째, 이성적 측면에서는 구성원 입장의 이해관계에 대한 객관적 사실과 데이터를 기반으로 메시지를 제공해야 한다.

그래야 '손실회피 성향'을 극복할 수 있다. 복잡한 계산을 명쾌하게 설명하고, 합리적인 결론을 제시하는 것은 필요조건이다. 손에 잡힐 수 있는 구체적인 혜택을 명확히 알려줘야 한다.

- **객관적 사실:** 확실하게 얻게 되는 것, 확실하게 잃게 되는 것
- **확률적 위험:** 잠재 위험Risk의 발생 가능성과 예상 파급력, 핵심위험에 대한 대책

> 예시) 새로운 디지털 방식의 시스템을 도입하게 되면, 기존에 돌려보냈던 고객 중 최소 70% 이상에게 우리의 서비스를 제공할 수 있습니다. 물론 시스템을 변경하게 되면, 기존 시스템으로 일하고 있는 거래처 7곳과의 신규 거래는 포기해야 합니다.
>
> 그래서 우리의 변화 방향을 설명하고 같은 기간 동안 해당 7곳의 거래처에 시스템 업그레이드 비용의 50%를 우리가 부담해주는 것을 제안할 계획입니다. 현재까지 4곳에서는 참여 의사를 보내왔고, 더 늘어날 것이라 예상됩니다.

셋째, 변화 여정을 수시로 업데이트해 줄 때 안전감이 높아진다.

전자상거래가 처음 자리 잡았던 2000년도에는 오픈마켓에서 사기를

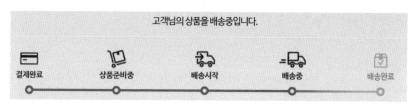

당한 이야기들이 심심치 않게 들리곤 했다. 주문한 물건은 없고, 벽돌이 들어 있었다는 이야기도 있었다. 게다가 서로 다른 공간의 낯선 사람들이 만나지 않고 거래를 하려니, 택배 시스템에 의존해야 했다. 하지만 발송에서 수령까지의 과정을 확인할 수 없어 답답하고 불안한 마음이 뒤따랐다. 고객센터는 이를 확인하기 위한 문의와 답변으로 인적자원을 투입해야 했다.

이를 극복한 것이 '실시간 주문배송 상태를 확인'하도록 돕는 시스템이었다. 요즘은 아주 익숙해졌지만, 주문한 물건과 음식이 지금 어떤 상태인지를 알려주는 것만으로도 고객은 '예측 가능성'이 높아졌고, 안심하고 기다릴 수 있었다. 이는 고객의 질문과 불만에 대응하는 인적 자원 투입을 줄여줘 기업에게도 만족도 높은 훌륭한 전략으로 자리 잡았다.

변화 과정은 생각보다 오랜 시간이 필요한 경우가 대부분이다. 초기 방향에 대해서는 공감했더라도, 시간이 지나도 기대한 결과를 확인하지 못하면 불안감이 다시 높아지게 된다. 명확하지 않으면, 사람들은 이야기를 만들어낼 가능성이 높다.

리더는 팀이 지향하는 목표와 현재의 위치를 정기적으로 알려줘야 한다. 이때 전달해야 하는 메시지는 팀이 지금까지 성취한 일들과 아직 남은 여정이다. 구성원들이 보다 생생하게 인지하도록, 구체적인 숫자와 이미지를 활용하는 것이 효과적이다.

2

왜
스토리텔링인가

1) 스토리텔링은 메시지를 효과적으로 전달한다

코로나 팬데믹 이후 집콕 생활이 늘어나며, 안방극장과 OTT 비즈니스가 급증했다. 덕분에 K콘텐츠의 우수성이 전 세계인의 찬사를 받기도 했다. 여러 회차로 연결된 대하드라마와 시리즈로 구성된 장편 프로그램보다는, 점점 짧은 형태의 프로그램이 늘었다. 디지털 환경에 맞게, 시청자의 관심을 기반으로 원하는 것을 선택하여 볼 수 있는 형태로 변화되었다.

인상적인 부분은, '주제별 짤막한 이야기'를 소개하거나 경험을 나누는

형태가 대부분이라는 점이다. 역사적으로 중요한 사건이나, 이웃의 사소한 이야기들을 모은 프로그램들이 많은 시청자들의 공감을 얻고 더욱 증가하는 추세다.

높은 시청률과 흥행을 이끈 콘텐츠들의 공통점은, 상황을 구체적으로 현실감 있게 생생하게 묘사하고, 등장인물의 감정 상태를 섬세하게 표현했다는 점이다. 결론으로 보면, '권선징악' 또는 '꿈은 이루어진다' 등의 속칭 뻔한 이야기에 불과하지만, 이야기를 통해 전달된 메시지는 행동을 이끌 수 있는 '감정'을 유발한다.

소비자의 지갑을 열어 소비를 이끄는 것이 목표인 홈쇼핑이나 광고를 보면, 상품이 지닌 구체적인 효용이나 스펙보다는 '사회적 욕망을 실현하는 사용자의 이야기'나 '세련된 디자인' 등의 감성적 측면을 돋보이도록 강조한다. **객관적 사실을 바탕으로 이성에 호소도 하지만, 결국 행동을 이끄는 것은 감성이라는 점을 전략에 반영한 것이다.**

대부분의 사람들은 교과서에 나오는 이론이나 객관적 사실을 요점만 정리해서 일방적으로 전달하는 것에는 매력을 느끼지 않는다. 딱딱한 지식과 이미 알고 있는 사건과 사실들도 스토리텔링을 통해 전달하면, 상대방의 흥미를 유발하고 수용도를 높일 수 있다.

〈스토리텔링을 통한 메시지 전달의 효과〉
• 스토리는 호기심과 상상력을 자극한다.
• 스토리는 쉽고 재미있기 때문에 집중을 잘한다.
• 스토리는 메시지에 대한 저항감이 낮다.
• 스토리는 행동을 유발하는 감정을 효과적으로 진달한다.
• 스토리는 기억에 효과적이다.

2) 평범한 스토리보다 역경 극복에 주목한다

실제와 가상의 모든 스토리는 구체적으로 묘사해야 공감을 얻을 수 있다. 스토리의 완성도를 높이기 위해서는 6하원칙(5W1H)을 충실히 반영해야 한다. 이는 말과 글, 영상 등 형식의 차이와 상관없이 적용될 수 있는

6하원칙	초점	예시
누가?	주인공과 친구, 대립하거나 갈등하는 인물	섬마을 주민들과 펜션 주인이 마을 도로 점유와 관련해 갈등하고 있습니다.
언제?	년/월/일/시, 시간(기)적 특징의 이해 단서 제공	갈등은 펜션 리모델링 이후부터 시작되었으며, 벌써 3년이 되었습니다.
어디서?	국가/지역/자연과 인공물의 위치, 공간적 특징의 이해 단서 제공	마을의 유일한 좁은 도로 옆에 위치한 펜션을 리모델링하고, 입구 계단을 설치하면서부터 문제가 되었습니다.
무엇을?	사건이나 사물 등 행동의 대상	섬마을에 정화조 차량이 진입하려면, 펜션 입구 계단이나 맞은편 담을 철거해야 하는 상황입니다.
어떻게?	감각, 지각, 인지판단 등 내적 반응과 외적 행동	펜션 주인은 행정명령에도 불구하고 절대로 계단을 철거하지 않겠다고 완강히 버티고 있습니다. 마을 사람들은 정화조가 넘칠까 노심초사하고 지내온 지 오래며, 펜션 주인은 자신의 책임이 아니라고 주장합니다. 마을 어른의 중재 끝에, 담장의 높이 절반을 허물고 계단도 일부 철거하되 비용은 마을에서 부담하는 것으로 최종 합의했습니다.
왜?	행동한 이유, 의도(동기와 가치)	펜션 주인은 이장과 오랜 친구 사이였지만, 과거 비슷한 사건에 이장이 원상복구를 안 했다는 이유로 끝까지 협상이나 양보를 하지 않았던 것입니다.

원칙이다.

스토리텔링을 통해 메시지를 효과적으로 전달하려면, 평이한 이야기만으로는 부족하다. 갈등이나 고난을 극복한 주인공의 절절한 노력 과정이 반영되어야 한다.

각종 경연대회에서 배출된 스타 중 기억나는 인물이 있는가? 노래 경연대회 수상자는 많지만, 꾸준히 대중의 사랑을 받는 분들은 소수에 불과하다. 수상자 대부분은 자기 분야에서 높은 수준의 실력을 갖추고 있음은 분명하다.

하지만 대중은 스타가 경험했던 고난과 이를 극복한 스토리에 더 매력을 느낀다. 역경 극복 스토리에 공감할수록 지지도는 높아진다. **우리 사회의 절대 다수를 차지하는 사람들은 여전히 '결과와 실력'뿐 아니라, '과정과 인성'도 매우 중요하게 생각한다**는 점을 알 수 있다.

3) 스토리보다 전달자가 더 중요하다

스토리를 활용하여 메시지를 전달하려면, 주제와 일치되거나 유사성이 높은 사례를 확보해야 한다. 오랫동안 많은 사람들에게 익숙한 신화, 역사, 우화 등의 비유와 상징에 적합한 내용을 잘 알고 있는 것으로는 부족하다. 보다 참신하고 새로운 이야기가 자신만의 레퍼토리Repertory가 될 수 있다. 가장 효과적인 이야기는 리더 자신이 5감각을 통해 경험한 '사건의 이야기'다. 다양한 경험을 상황에 따라 효과적으로 활용할 수 있도록, 수집하고 기록해 두는 방법도 좋다.

같은 이야기도 스토리텔러에 따라서 몰입도와 반응이 달라진다. 대중의 사랑을 많이 받는 유명 연극이나 뮤지컬 등의 경우, 등장인물을 2명 이상으로 더블캐스팅Double Casting하곤 한다. 회차별 관람객은 배우에 대한 선호도로 확연히 나타나기도 한다. 탁월한 스토리텔러는 실제 상황을 매우 구체적으로 묘사하고, 적합한 제스처도 사용한다. 무엇보다 표정과 말투 그리고 말의 빠르기를 조절하면서 마치 재현하듯 생생하게 감정을 전달하는 스킬을 발휘한다.

기회가 된다면, 편안한 모임에서 시도해 보기 바란다. 모든 학습은 모방에서 시작한다. 혹시 시도했는데, 반응이 좋지 않았던 경험이 있는가? 재미난 이야기도 내가 하면 재미없게 들리는 이유가 무엇이라고 생각하는가? 아마도 듣는 사람들에 대한 신뢰수준이 낮거나, 라포가 형성되지 않았을 가능성이 높다.

3

리더의
스토리텔링
적용 상황

일상의 익숙한 상황에서 빠르고 정확하게 일을 처리해야 한다면, 결론 중심의 간결하고 명확한 소통이 제격이다. 여러 소통 상황 가운데 비중이 가장 높을 것이다.

스토리텔링 방법이 필요한 상황은, 전달하려는 메시지의 목적이 구성원의 공감과 실행과정에서의 적극적인 참여가 필요한 경우로 볼 수 있다. 왜냐하면, 리더가 제시하는 목표와 변화의 방향성을 구성원이 '알게 하는 수준'에 머무를 수 없기 때문이다. 구성원들이 '느끼고 확신하고 행동하는 수준'까지 이르러야 한다.

- 구성원들이 방향을 '**이해하고 깨달았다**'고 인지해야 한다.
- 구성원들이 '**할 수 있고, 실현 가능하다**'고 확신해야 한다.
- 구성원들이 '**중요하고, 긴급하다**'는 감정을 느껴야 한다.

리더가 스토리텔링을 적용할 수 있는 대표적인 3가지의 상황 대해, 활용 가능한 구조를 살펴보자.

1) 팀의 미션과 방향성, 질문으로 시작하라

영화 〈제리 맥과이어〉에서 스포츠에이전시 회사의 유능한 매니저인 제리 맥과이어(톰 크루즈)는 어느 날 선수 병문안 후 그의 아들과 대화하면서, 자신에 일에 깊은 회의감이 들기 시작한다. 선수의 연봉과 보너스 지급 조건을 지키기 위해 심각한 부상에도 불구하고 경기 출전을 방치하는 모습에, 자신이 마치 '양의 탈을 쓴 늑대가 되었다'는 생각을 하게 된다. 바쁜 업무 때문에, 진짜 중요한 것에 집중하지 못하고 있는 자신을 발견하게 된다.

며칠 고민 끝에, 자신이 진짜 바라는 것이 무엇인지에 대해서 스스로 답을 내리게 되었다. 자신이 책임지는 선수들이 부상과 질병 없이 좋은 경기를 치르도록 하는 것, 관중들이 최고의 경기를 즐길 수 있도록 하는 것이 '일을 통해 얻는 보람'이라는 점을 명확히 했다. 그러기 위해, 현재

72명의 관리 대상 선수를 최소로 줄여야 한다는 결론에 이르게 되었다. '돈보다는 인간 중심'의 일을 해야 한다고 결심했다. 이날 자신의 존재 이유인 미션Mission Statement을 쓰기 시작해 총 25페이지의 원고를 완성한다. 이후 현실의 높은 장벽을 극복하는 이야기가 흥미진진하게 이어진다.

이는 고대 철학자가 했던 질문과 동일하다. '나는 누구인가?', '여긴 어디인가?' 정체성과 존재, 그리고 인식론에 대한 심오한 이야기를 담고 있다. 일상의 오랜 관행을 따라가다 보면, 방향성을 잃기 때문이다.

팀에는 본인 의사와 상관없이 조직의 결정에 따라 배치된 구성원도 있고, 더러는 신입사원이나 은퇴를 앞둔 경우까지 다양한 구성원들이 존재하기 마련이다. 팀의 방향성에 대한 구성원들의 이해도 평균은 보통수준이지만, 편차가 크다면 주의를 기울여야 한다. 팀의 목표와 방향에 대한 인식 수준이 가장 낮은 사람이, 팀 전체 수준을 결정할 수 있기 때문이다. 높이가 다른 막대 패널로 욕조를 만든다면, 가장 낮은 막대 위로는 물을 채울 수 없는 이치와 동일하다. '열심히' 일하는 것으로 부족하며, '제대로' 하기 위해 인식의 수준을 높여야 한다.

잠시 멈추어서, 왔던 길과 가야 할 길을 점검하는 시간이 필요하다. 리더는 '우리 팀의 존재 이유와 달성해야 하는 목표'에 대해서 반복적으로 소통해야 한다.

피터 드러커는 그의 책 『최고의 질문』에서 팀의 미션과 방향을 명확히 하기 위한 질문 5가지를 제시했다. 질문을 순차적으로 던지고 답을 찾는 일련의 과정을 통해 팀 구성원이 공동의 목표와 전략적 방향을 명확히 할 수 있도록 도울 수 있다.

① 왜, 무엇을 위해 존재하는가? (What is our Mission?)

② 반드시 만족시켜야 할 대상은 누구인가? (What is our Customer?)

③ 그들은 무엇을 가치 있게 생각하는가? (What does The Customer Value?)

④ 어떤 결과가 필요하며 그것은 무엇을 의미하는가? (What are our Result?)

⑤ 앞으로 무엇을 어떻게 할 것인가? (What is our Plan?)

팀 미션을 보다 간결하게 제시하기 위해서는, 다음의 3가지 질문에 대한 답변을 명확히 구성해서 전달해야 한다.

순서	초점	예시: 영업지원팀
우리의 고객은 누구인가?	우리 팀의 결과물을 필요로 하는 내부 고객, 외부고객 모두 (~~에게)	영업사원, 외부고객
고객의 관심사는 무엇인가?	우리 팀을 통해 해결하고 싶은 문제 (도달하고 싶은 기대, 회피하고 싶은 위험) (~~을 충족하기 위해)	매출, 공헌이익, 시장점유율, 고객만족 증가, 채권회수/가성비, 높은 품질, 친절한 응대, 다양한 서비스 제공, AS 보증 등
우리는 어떤 가치를 줄 수 있는가?	우리 팀이 제공하는 결과물과 제공 방식을 통해서 제공할 수 있는 가치 (~을 제공한다)	양질의 CRM데이터, 인센티브, 판매 전략 수립, 프로모션, 판촉 지원, 역량 강화 지원, 경쟁사 정보, 제안자료 개발 등
팀의 미션 선언문		영업지원팀은 영업조직의 경쟁력과 고객만족을 높일 수 있는, 최적의 영업 전략 수립과 실행을 돕기 위한 양질의 서비스를 제공한다.

2) 변화 방향 제시: 깊은 공감을 표현하고 얻게 될 혜택을 강조하라

구성원의 불안감과 손실회피에 대한 막연함을 해소하기 위한 메시지를 전달해야 한다. 도전적인 목표를 명확히 제시하되, 구성원들의 생각과 감정에 대해 충분히 인지하고 공감한다는 사실을 언급해야 한다. 구성원의 실제 목소리와 사례 등을 경청하고 공통적으로 느끼는 상황에 대해서 이야기로 소개하는 것도 좋다.

이후 보다 긍정적인 접근 동기에 초점을 두고, 얻을 수 있는 구체적인 혜택을 알려줘야 한다. 확실한 것에서, 가능한 확률적인 것도 포함할 수

순서	메시지 초점	적용 예시	
		조직 개편	시스템 변화
목표 제시	변화를 통해 이루고자 하는 명확한 목표 소개	마케팅과 영업을 하나의 팀으로 통합하고자 합니다.	기존 그룹웨어를 팀즈로 다음 달 15일까지 전환할 예정입니다.
상황 공감	변화에 대한 구성원들의 어려움을 알고 있음을 표현	근무지 이동에 대한 우려와 업무 조정, 목표 재설정 과정에 대한 걱정도 잘 알고 있습니다.	기존 데이터 백업과 새로운 시스템 설정과 적응에 적지 않은 시간이 필요하고, 불편하다는 점도 잘 알고 있습니다.
혜택 소개	변화가 성공하게 될 때 얻게 되는 개인과 집단차원의 혜택/이점 설명	성공적 통합이 이뤄지면, 조직 차원의 업무 협조가 원활해질 것입니다. 여러분 개인 차원에서는 멀티스킬 향상과 다양한 커리어를 선택할 수 있는 기회도 누릴 수 있습니다.	향후에는 보안에 대한 불편한 프로세스 없이, 모바일도 편리하게 접속이 가능해집니다. 흩어진 시스템을 하나로 통합하게 되어, 보다 직관적이고 효율적으로 일할 수 있습니다.
지원 약속	구성원들의 변화 활동 과정의 걸림돌 제거와 디딤돌 제공을 약속	통합과정에 추가로 필요한 예산과 일정을 저에게 요청하면 최대한 수용하겠습니다. 그리고 역량 강화를 위한 프로그램을 제공하겠습니다.	전환 과정에 어려움을 돕고자 IT 헬프데스크 전담 인력을 1명 배치할 예정입니다. 매일 VOC를 확인해서, 신속히 해결해 드리겠습니다.

있다. 많은 것을 열거하기보다, 가장 핵심적인 관심사와 연결하여 강조하는 것이 효과적이다.

메시지의 마무리는 변화 과정을 성공적으로 이끌 수 있도록, 적극적인 지원을 약속해야 한다. 선언적 수준의 약속을 넘어, 구체적인 지원 내용도 함께 제시해야 한다.

3) 구성원과 고객에 대한 가치 제안 약속 FABE

리더는 다양한 협업을 이끌어야 하는 상황을 경험하게 된다. 공통의 목표를 위해 역할과 책임을 나누어 지는 팀뿐 아니라, 다양한 파트너와 긴밀한 협조가 있어야 기대하는 결과를 만들어낼 수 있다.

팀의 성공에 꼭 필요한 인력을 채용하거나, 내부 이동을 위해 매력적인 제안을 해야 할 때가 있다. 이때 구성원의 관심사를 충족할 수 있는 혜택을 구체적으로 제시하는 메시지가 필요하다. 이것이 조직이 구성원들에게 어떤 가치를 제공할 것인지를 구체적으로 제시하는 '종업원가치제안Employee Value Proposition, 이하 EVP'이다. EVP는 훌륭한 인재를 선발하고, 몰입시키고, 유지하기 위한 기업의 인사전략의 핵심메시지를 담고 있다. 팀 차원에서도 마찬가지다. 다른 리더와 달리, 나와 함께 우리 팀에서 일하

게 될 때 '얻게 되는 구체적인 혜택'을 제시해야 하는 상황도 종종 마주할
수 있다.

EVP는 시장에서 다양한 제품과 서비스들이 소비자의 선택을 받기 위
해, 차별화된 가치를 약속하는 '제안Proposal'과 동일하다. 누군가와 협력하

순서	메시지 초점	적용 예시	
		프로젝트 실시 제안	인재 영입 제안
Feature 특징	객관적 사실과 사양(스펙) 소개	이번 프로젝트는 국내 최초이자, 우리 회사의 새로운 시도로 총 20억 원의 예산과 5명이 투입되는 중요한 사업입니다. 본 건은 해외 대학과 글로벌 전문기관과 리모트워크로 협업하게 됩니다.	우리 팀은 2개의 파트, 총 10명이 근무하고 있습니다. 7명이 5년 이상 함께 근무했고, 2명은 3년 그리고 1명은 2년 정도 되었습니다.
Advantage 장점	기존 또는 유사한 것과 차별적인 특징이 만드는 장점 소개	이번 프로젝트는 정부 예산 20억 원을 지원받을 수 있습니다. 프로젝트가 성공하면, 업계 최초로 독점적 기술 특허를 인정받아 향후 5년 동안 독점적 수익을 보장받을 수 있습니다. 게다가 새로운 시장에 진출할 기회를 기대할 수 있습니다.	다양한 직무와 경험을 가진 팀원들이, 오랜 시간 함께 일해왔기 때문에 팀워크와 만족도가 높다는 것이 장점입니다.
Benefit 혜택	장점이 상대방의 관심사 해결에 도움이 되는지 강조	과제 수행을 통해서, 일도 하지만 글로벌 전문가의 지도 과정에서 역량을 키울 수 있는 학습기회가 공식적인 프로그램으로 계획되어 있습니다. 더불어 그 과정에서 특허와 논문 작성에 참여하는 분들의 개인적 학술 실적으로도 활용할 수 있도록 지원할 예정입니다.	우리 팀에 근무하게 되면, 체계적인 OJT와 멘토링을 통해서 빠르게 적응하고 일을 배울 수 있습니다. 신기술에 대한 전문성을 쌓을 수 있는 A프로젝트에도 참여할 수 있습니다.
Evidence 증거	실제 확인 가능한 증거 제시	이 방법을 통해 혜택을 본 사례는 이미 각 본부별 1건 정도 총 4건을 확인할 수 있습니다.	2년밖에 되지 않은 비전공자 B의 경우도, 지난해 직무 관련 C자격증을 취득했습니다.

고 거래하기 위해서, 상대방에 대한 신뢰수준과 함께 구체적인 혜택이 무엇인지를 꼼꼼히 검토하는 것은 자연스러운 행동이다. 매력적인 제안은 협업 파트너의 접근 동기를 자극하는 데 유용하다. 물론, 약속에 대한 철저하고 변함없는 이행은 타협할 수 없는 신뢰의 기본이 된다.

상대방의 관심을 끌어 내기 위한 효과적인 화법으로 'FABE(페이브)'를 소개한다. 페이브는 Feature(특징), Advantage(장점), Benefit(혜택), Evidence(증거)의 첫 글자를 따서 만든 설득 화법이다. 단점보다는 장점과 얻게 될 혜택을 논리적으로 전달하는 데 효과적이다.

4장

구성원의
참여를 이끄는
퍼실리테이션

리더는 팀의 목표달성을 위해, 한정된 자원의 배분을 위한 우선순위를 결정한다. 가장 적은 자원을 투입하면서, 최고의 성과를 확실하게 만들 수 있는 방법이 '전략Strategy'이다.

또한 리더는 팀의 희소한 가치를 권위적으로 배분해야 한다. 예를 들어, 구성원 모두가 기대하는 보상을 상대적 기여도에 따라 차등하여 배분하는 상황을 떠올려 보면 된다. 이것이 바로 정치학자 데이비드 이스턴이 정의한 '정치Politics'의 개념이다.

전략과 정치 모두 리더가 책임져야 하는 중요한 의사결정으로 볼 수 있다. 과거 수직적 조직과 달리 리더가 결정하고, 구성원은 따라야 하는 상황은 찾기 어렵다. '답정너'라는 비난에 대한 회피를 넘어서, 리더도 '최선의 의사결정'을 내리기 어려운 불확실한 상황이다. 또한 3장에서 살펴보았던 팀의 목표 수립과 새로운 변화 설계, 미션 정립 등도 리더가 권위를 바탕으로 결정하고 일방적으로 제시한다면 공감과 참여를 기대하기 어렵다.

1

왜
퍼실리테이션인가

1) 참여적 의사결정을 통한 합의가 더욱 중요해진다

우리는 같은 자료와 상황이라 해도 서로 다른 해석과 의견을 가질 수 있다. 각자도생의 서구화된 개인주의적 생활양식에 익숙하게 살아오면서, 공유하는 부분이 적어진 것도 한몫했다. 무엇보다 논의 주제들이 과학적 이론과 객관적 사실에 속한 '명확한 정답'이 존재하지 않는 사항이기 때문이다. 이런 추세는 더욱 가속화되고 있다.

팀 구성원들의 다양성과 개인의 인격권을 존중하기 위한 사회적 관심과 노력이 증가하면서, 직급이나 나이와 상관없이 자신의 목소리를 당당하게 제시하는 분위기로 변화하고 있다. 젊은 세대의 경우, 중요한 의사결정 과정에 대한 공정성과 참여에 대한 욕구도 높아졌다. 일터와 삶터 전반의 다양한 사회조직은 수평적 구조로 빠르게 전환되고 있다.

〈집단의사결정 과정에서 발생하기 쉬운 현상〉

- 동조화: 집단지향성과 무언의 압력에 의해 자신의 생각과 다른 집단의 결정을 따른다.
- 집단구분화: 소규모 그룹으로 편을 나눈다(우리 편과 반대편).
- 극화: 개인적 생각보다 더욱 극단으로 치우치게 된다(절대 안전 추구, 급진적 변화).

한마디로 쉽게 '합의Consensus'를 도출하기 어려운 상황이다. 특히 서로 다른 입장에 따른 '이해 충돌'이 복잡하게 얽혀 있는 경우는 리더 입장에서 매우 곤혹스럽다.

예를 들어, 상대평가를 통해 구성원 누군가는 더 많은 보상을 받게 되지만 또 다른 누군가는 상대적으로 적은 보상이 주어지는 상황이 종종 발생한다. 더러는 팀이 수행해야 하는 도전적이고 부담스러운 과제를 누군가가 담당하도록 할당하는 상황도 경험하게 된다. 마치 피자를 나누어 배분하는 제로섬Zero-sum 게임을 연상하게 한다. 이것의 본질이 바로 정치다.

미국 애틀랜타시에 위치한 인만Inman 공원은 1890년 시에서 조성한 최초의 녹지공간이다. 그런데 1980년대 대통령센터를 건립하면서 문제가 생겼다. 애틀랜타시에서 건설비용과 이용시간을 단축하기 위해, 인만공원 중앙을 관통하여 대통령센터로 이어지는 4차선 도로를 건설하겠다고 발표한 것이다. 마을주민들은 공원과 역사적 장소를 훼손해서는 안 된다는 이유로 반대했다.

이 문제는 법정에서 8년 동안 다투었지만, 결론을 내지 못했다. 이때, 애틀랜타 저스티스센터에서 관련 당사자 대표들이 참석하는 회의를 소집했다. 결국 8번의 회의를 통해서 합의에 성공했다. 그들은 양자의 기대를 충족할 수 있는 해결책을 마련하기 위해 논의했다.

당시 회의를 중재했던 이디스프롬 소장은 "회의장에서 반대했던 의견도, 집으로 돌아가 다시 곰곰이 생각해 본 후 더 나은 해결책으로 제안했다."라고 회고했다. 참석자들은 공동의 문제해결을 위해 서로의 의견을 충분히 듣고, 반대하더라도 다시 생각하는 과정을 반복하면서 해결책을 찾아낸 것이다. 도로는 공원을 둘러 가는 2차선으로 변경되었다. 일부 녹지는 훼손되었지만, 시당국자와 마을주민 모두의 만족을 이끌어 낼 수 있었다.

이처럼 토론은 승자와 패자를 가르는 싸움이 아니라, 윈윈할 수 있는 공동의 문제해결 과정으로 볼 수 있다. 각자의 입장에서 느끼는 감정과 생각을 충분히 경청하는 기회를 제공했고, 반대의견도 자유롭게 제시할 수 있었다. 법원의 형식적 판결보다, 이해관계자가 함께 더 나은 결론을 도출하기 위해서 오랜 시간 동안 협의한 '숙의熟議, Deliberation 과정'이 도움이 되었다.

〈참여적 의사결정의 효과〉

- 의사결정에 대한 이해도가 높아진다.
- 의사결정 결과에 대한 수용도가 높아진다.
- 의사결정 사항에 대한 책임감과 실행력이 높아진다.
- 이해 충돌이 민감한 의사결정에 대한 절차적 공정성이 높아진다.
- 문제해결에 대한 다양하고 창의적인 의견을 발굴할 수 있다.

2) 복잡한 문제해결을 위한 집단지성이 필요하다

디지털 사회로의 전환과 코로나 팬데믹이 함께 만든 세상은, 낯설고 새로운 상황을 자연스러운 일상으로 만들고 있다. 기존에 경험해 보지 못한 예외적이고 복잡하게 얽힌 문제들이 끊임없이 증가하면서, 오랜 시간 시행착오를 통해 축적한 매뉴얼과 검증된 지식의 수명이 짧아지게 되었다. 해당 분야의 탁월한 전문성을 갖춘 리더조차 명쾌한 답을 제시할 수 없는 상황이다.

출처: Unsplash.com

코로나 팬데믹은 사스와 메르스 등의 바이러스에 대처했던 방식과 크게 달랐다. 지구 전체가 하나로 연결되어 있다는 점을, 빠른 감염을 통해서 알게 했다. 예방은 물론 치료조차 막막한 현실이었다. 특정 지역과 국가에 국한된 문제가 아니라는 인식 때문에, 다양한 개인과 집단이 협력하게 되었다.

명확한 원인을 파악하고, 치료제를 개발하는 일련의 과정을 전문 의료진에게만 담당하게 할 수 없었다. 디지털 연결망을 통해서, 전 세계의 시간과 공간 그리고 언어가 다른 분야별 최고 전문가들이 실시간으로 소통하도록 도왔다. 통신사들은 정부와 함께 지역별 재난문자 발송을 통해서, 최신의 유효한 정보를 제공했다. 현장 의료진들은 극도의 피로감 속에서도 밀려드는 환자의 치료에 최선을 다했다. 빅데이터와 AI 전문가들은, 역학조사와 개발 과정의 속도와 정확도를 높이기 위한 솔루션을 도왔다.

급속한 확산을 막기 위한 거리두기 결정에 필요한 예산을 확보하고 국민들을 설득하기 위해 정관계 리더들의 논의가 빠르게 이어졌다. 마스크와 백신, 치료제 확보에 대한 불안을 최소화하기 위해 병원과 약국의 데이터를 공유하고, 실시간 수량과 위치를 확인할 수 있는 앱을 개발하고 주요 포털을 통해 빠르고 정확하게 정보를 제공했다.

아직도 어려움 속에 있지만, 엔데믹에 대한 기대감은 조금씩 높아지고 있다. 만약 특정 분야 소수 전문가들에게 맡겼더라면 절대 불가능했을 것이다. 위기대응 컨트롤 타워가 공동의 목표와 전략을 제시하고, 이를 기반으로 통합하고 조정하는 역할을 성공적으로 수행했기 때문에 가능했다. 이 과정이 바로 낯선 문제해결 과정에서, 퍼실리테이션을 통해 집단지성을 발휘한 것이다. 문제의 유형과 조직의 형태는 다를 수 있겠지만, 집단지성을 효과적으로 이끌 수 있는 퍼실리테이션은 리더의 핵심 스킬이 분명하다.

3) 퍼실리테이션이란?

퍼실리테이션은 회의를 효율적으로 진행하는 모습과 관련이 깊다. 리더가 결정하고, 구성원들은 결과를 수용해야 하는 위계적 구조는 사라진 지 오래다. 리더는 의사결정 과정을 투명하게 공개하고, 구성원들이 참여할 수 있는 절차를 제공해야 한다. 이것이 참여적 의사결정 과정이며, 이를 효과적으로 중재하고 이끄는 기술을 퍼실리테이션Faclitation이라 부른다.

전략 컨설턴트인 마이클 도일Michael Doyle은 보다 넓은 의미에서, '팀이 협업과 시너지 창출하여, 보다 효과적으로 일할 수 있도록 돕는 과정'으로 정의했다. 퍼실리테이션 전문가 잉그리드 벤스Ingrid Bens는 퍼실리테이션을 '집단이 효과적으로 기능하여 양질의 의사결정을 할 수 있도록 구조와 절차를 형성하는 과정'으로 설명한다.

결국 퍼실리테이션이란 '집단지성이 필요한 상황을 중립적으로 이끌어 의도하는 결과를 효율적으로 도출하는 과정'으로 볼 수 있다. 이 과정에는 다양한 사람들의 상반된 입장을 서로 경청하고, 대립과 갈등을 효과적으로 중재하는 개입 행동이 포함된다. 리더는 퍼실리테이터Facilitator가 되어, 집단지성 발휘를 촉진함으로써 궁극적으로 의사결정의 수용도와 실행력을 높일 수 있다.

2

워크숍
설계 방법

1) 워크숍은 팀빌딩과 동의어가 아니다

여러분은 '워크숍' 하면 어떤 장면이 가장 먼저 떠오르는가? 어느 유원지 넓은 공터에서 편을 나누어 족구 경기를 마치고, 닭백숙이나 삼겹살을 먹는 회식 장면이 떠오르는 분도 있을 것이다. 아마도 우리의 경험 속에서 팀빌딩 목적으로 진행하는 행사를 흔히 워크숍이라 불러왔기 때문이다. 더러는 진짜 워크숍 행사 가운데 이런 프로그램을 포함해 왔기 때문이다. 이 장면에 대한 적합한 표현은 '팀빌딩 또는 야유회'다. 워크숍과 팀빌딩은 목적이 다르며, 종종 워크숍이 팀빌딩보다 넓은 개념으로 쓰일 수 있다.

본래 워크숍workshop은 영어로 작업에 필요한 도구와 설비를 갖추고 있는 공간을 의미했다. 현장에서는 교육과정, 학술회의, 보고회, 토론회, 팀 빌딩 등의 모임을 총칭하여 사용한다. 이처럼 워크숍은 회의의 한 가지 유형으로 볼 수 있다. 그러나 리더가 방향성을 제시하거나, 특정한 주제를 일방적으로 설명하는 회의와는 다르다. 팀의 일상 과제에 대한 지시와 수명, 보고하는 정기회의와도 구별된다.

워크숍은 특정한 목적 달성을 위해, 참석자 모두 양방향 소통에 적극적 참여하여, 구체적인 결과물 또는 결론을 도출하는 회의다. 핵심 키워드는 자유로운 토론과 결과물 도출이다.

2) 목적과 산출물을 명확히 정의하라

리더 입장에서 워크숍은 구성원의 몰입과 성장, 공정성 확보와 전략 실행력 향상을 위한 훌륭한 도구로 활용할 수 있다. 다양한 목적으로 활용할 수 있지만, 성공을 위해서는 목적이 명확해야 한다. 다시 말해, 워크숍을 통해서 도출하고자 하는 결과물을 구체적으로 정의할 수 있어야 한다.

〈워크숍의 목적〉

- 팀의 미션과 비전 수립
- 팀의 전략 실행을 위한 목표 설정과 추진계획 수립
- 일하는 방식에 대한 프로세스 정립
- 과업 추진 경과 공유 및 이슈 해결 도출
- 변화 아젠다 발굴
- 위기 및 문제해결을 위한 대안 도출
- 팀 학습 및 성장 지원
- 팀빌딩

워크숍 실시 목적에 적합한 구체적인 아웃풋 이미지, 사례 등을 제시함으로써 명확한 기대치를 전달할 수 있다.

3) 워크숍 설계의 체크포인트

워크숍의 목적에 따른 시간 구성이 중요하다. 단계적 흐름에 따라 최종 산출물의 품질을 높일 수 있다.

목적	워크숍 하위 활동 / 단계적 산출물
미션 도출	① 추진 배경, 목표. 순서 공유 ② 고객 정의 ③ 고객의 니즈, 가치 분석 ④ 우리의 솔루션, 제공 방식 ⑤ 미션 초안 작성, 검토 ⑥ 미션 합의
전략목표 설정	① 추진 배경, 목표. 순서 공유 ② 상위조직 전략 키워드 공유 ③ 팀 전략 구체화 How Tree 작성 ④ 전략과제 우선순위 검토, 선정 ⑤ 전략과제 배분(담당자 선정) ⑥ 전략과제 추진 개요 작성 ⑦ 전략과제 작성 결과 공유, 합의
진척도 점검	① 추진 배경, 목표. 순서 공유 ② 추진과제별 현황 공유 ③ 주요 이슈처리 방안 공유 ④ 이슈 해결 의견 공유 ⑤ 후속 조치 결정
문제해결	① 추진 배경, 목표. 순서 공유 ② 현황 및 이슈 공유 ③ 문제 정의 ④ 잠재원인 도출 ⑤ 근본원인 선정 ⑥ 해결아이디어 발굴 ⑦ 해결방안 선정 ⑧ 결과 공유, 합의
팀빌딩	① 추진 배경, 목표. 순서 공유 ② 칭찬합시다 ③ 팀 및 전사 새소식 업데이트 ④ 신규 팀원 소개: 자기소개, 기대치 전달 ⑤ 그라운드룰 의견 발굴, 공유 ⑥ 그라운드룰 결정

상세설계를 위한 체크포인트로 다음 4가지를 참고하기 바란다.

첫째, 참석자의 특징을 고려하여 조를 편성해야 한다.

한 번에 함께 논의할 수 있는 인원의 한계는 6명이다. 인원이 너무 많으면, 시간의 효율도 낮으며 충분한 의견을 교환하기 어렵다. 가능하다면 4명 이내로 편성하되, 소규모 조의 개수가 너무 많다면 4명 이상으로 구성하되 6명을 넘지 않도록 해야 한다. 논의 주제에 따라서 조 편성 기준을 달리해야 한다. 집단지성을 촉진하기 위해서는, 직무와 연차 그리고 성별 등을 달리하는 것이 효과적이다.

둘째, 도입부에 아이스브레이킹을 반영해야 한다.

목적과 목표, 전체 일정 등의 소개뿐 아니라 '예상되는 이슈'에 대한 명확한 설명을 미리 제공하면 효과적이다. 가벼운 게임이나 아이스브레이킹, 영상을 같이 보는 것도 가능하다.

셋째, 사전에 활동에 필요한 양식과 예시를 제공해야 한다.

워크숍의 명확한 목적 이해를 돕기 위한 자료를 미리 제공해야 한다. 참석자들이 미리 생각을 정리하거나 공유해야 하는 자료를 준비하도록 '공통 양식'을 '작성 예시'와 함께 전달하는 것이 효과적이다. 참석자 모두 충실히 준비하는 것이 자연스러운 문화로 정착되도록 유도해야 한다.

넷째, 집중도와 소요시간을 고려하여 적합한 시간을 안분해야 한다.

각 단위 활동이 1시간 이상이 된다면, 적절한 휴식시간을 배정해야 한다. 몰입도가 높다면, 간격을 늘릴 수 있다. 휴식시간은 너무 자주 쉬는 것보다 20분 정도로 배정하여 충분하게 쉬는 것이 효과적이다. 이때 구성원들이 자유롭게 소통하고, 비공식적 의견을 교환할 수 있다.

3

상황별
퍼실리테이션 기법

여러분은 시사 또는 연예 프로그램의 진행자 중에 탁월한 사람을 꼽는다면 누구를 추천하겠는가? 실력에 대한 평가는 개인마다 차이가 있겠지만, 적어도 가장 오랜 시간 진행자 역할을 했다면, 분명 높은 수준의 실력을 갖추었다고 볼 수 있다. 그런 의미에서 나는 손석희와 유재석을 추천하겠다.

시사프로그램의 경우, 시청자의 관심이 높은 민감한 주제에 대한 찬반토론을 이끌어야 하는 상황이 많다. 의도적으로 편을 나누어, 각자의 입장에 따른 주장을 펼치도록 기회를 제공한다. 이때, 공정하게 시간을 배분하도록 중재하는 개입의 기술이 필요하다. 손석희 아나운서는 종종 냉정하고 단호한 개입을 하곤 한다. "됐고요. 마무리 1분 드리겠다." 더러는 답변을 회피하거나, 개념이 모호한 경우에도 기록하고 개입한다. "잠깐만요, 방금 발씀하신 것은 앞서 언급하셨던 개념하고 다르게 이해되는데요, 부연설명 부탁드립니다." 모두를 만족시키기는 어렵지만, 중립성을 유지하면서 제한된 시간 내에 결론을 도출하거나 기대했던 논의를 마무리하기 위해서 효과적으로 개입하는 기술을 발휘한다.

이와 달리 예능프로그램은 진지하고 민감한 정치나 사회 이슈를 다루지 않는다. 프로그램의 콘셉트에 맞게 게임을 하거나, 토크쇼를 진행한다. 최근 예능프로그램은 출연진이 매우 많다. 게다가 출연진의 전문 분야는 분류조차 어려울 만큼 다양하다. 축구, 야구, 골프 스타들이 함께 출연하며, 패션과 공연예술 분야 아티스트, 일식과 중식 셰프와 평론가 등 평범한 직장인들이 다수 출연하는 경우들도 있다. 유재석 씨는 출연자 모두가 골고루 발언의 기회를 갖도록 개입한다. 이때도 개그맨 출신답게, 재치 있게 개입한다. "조세호 씨! 자꾸 쓸데없는 이야기로 방해하지 마시고요! 혹시 박세리 씨는 비슷한 경험이 있다면 간략히 소개해 주시겠습니까?" 그리고 출연자들이 분량을 확보하거나 돋보이도록 개입한다. 이때 사전에 작가와 인터뷰했던 시나리오는 순발력 있는 질문을 위한 컨닝페이퍼가 된다. 장점과 재미난 에피소드를 기반으로 질문을 던지기도 한다.

일반적인 퍼실리테이터의 역할은 주로 프로세스 전문가로, 중립적인 역할을 수행하며 최종 의사결정에는 개입하지 않는다. 그러나 참석자들을 대표하는 리더의 경우 해당 논의 주제에 대한 전문성을 갖고 있는 경우가 많으며, 의사결정에 깊이 개입하기도 한다.

〈퍼실리테이터의 핵심 스킬〉

- 경청 스킬
- 질문 스킬
- 피드백 스킬
- 개입Intervention 스킬: 주제 집중, 명확성 확보, 내용 요약, 중립성 유지, 갈등 조정, 참여 촉진, 문제행동 개선 조치

성공적인 퍼실리테이션에 필요한 핵심 스킬을 살펴보면, 1대1 대화를 충실하게 이끌 수 있는 경청과 질문 그리고 피드백 스킬이 공통적이다. 이는 가장 수평적인 입장에서 존중하며 대화를 이끌기 위한 소통 스킬이 분명하다. 바꾸어 말하자면, 상황과 목적을 구분하지 않고 모든 리더는 1대1 대화 스킬을 높은 수준으로 훈련할 필요가 있음을 알 수 있다.

퍼실리테이션의 차별점은 효과적인 개입 스킬이다. 다양한 사람들이 제한된 시간 안에 양질의 산출물을 도출해야 하는 책임이 있으므로 종종 부담스러운 개입을 해야 한다.

1) 참여와 발산적 사고의 촉진 방법

● 오프닝 메시지

워크숍 참석자들에게 활동에 대한 기대감, 끝 그림을 명확하게 설명한다. 반드시 결과물을 도출해야 하는 필요성과 긴급성에 대한 메시지를 전달함으로써, 긴장감과 책임감도 높일 수 있다.

● 아이스브레이킹 Ice breaking

참석자들의 긴장감을 해소하고, 마음을 열기 위해 가벼운 게임이나 자기소개, 영상 시청 등을 할 수 있다. 그림카드를 활용하여, 자신의 생각을 부드럽게 나누며 시작하는 것도 좋다. 이때 개인적인 기대와 다짐에 대해서 나누도록 요청한다.

● 역할 나누기

소규모 인원으로 조를 편성하여 논의를 진행하게 된다면, 각자 역할을 명확하게 나누도록 정해주어야 한다. 조장과 발표자, 서기 등을 선임할 수 있다. 이때 효율적인 진행을 위해, 시간관리자 Time Keeper와 주제이탈관리자 Gate Keeper 역할을 반드시 선임해야 한다. 역할을 명확히 부여 받은 경우 공식적 개입에 대한 부담을 낮출 수 있다.

● 그라운드룰

워크숍 참석자 모두가 반드시 준수해야 하는 규칙을 시작할 때 미리 공유하도록 한다. 처음 규칙을 만드는 경우라면, 최대한 참여를 통해서 만들어야 한다. 꼭 필요한 내용을 중심으로 간결한 것이 좋다.

– 모두의 의견은 동등하게 존중
– 논의된 내용은 절대 비밀 유지
– 핸드폰은 휴식시간에만 사용
– 전원 참여, 1/n 책임 공유
– 배정된 발언 시간 준수

● 브레인스토밍 Brainstorming

브레인스토밍은 창의적 발상 기법으로 오스본Alex F. Osborn이 고안했다. 이를 위한 원칙 4가지를 함께 제시했는데, 첫 번째는 비판 금지다. 분위기가 위축되지 않도록, 현실 가능성 등에 의한 판단을 유보하라는 의미다. 두 번째는 자유분방이다. 비현실적이거나, 터무니없는 것이라도 일단 입 밖으로 꺼내라는 점을 강조한다. 세 번째는 질보다 양을 추구한다. 위대한 발상보다 작고 사소한 여러 개의 아이디어가 더 중요함을 강조한다. 네 번째는 아이디어 조합과 개선을 위한 다른 사람 의견 활용을 환영한다.

● 브레인라이팅Brain writing

브레인스토밍의 단점을 극복하기 위한 대안으로 독일 바텔레 연구소에서 개발한 방법으로, 말 대신 종이에 글로 기록하여 진행한다. 참가자가 많거나, 내성적인 성향의 사람이라도 아이디어에 대한 평가 부담 없이 참여할 수 있다. 이때 포스트잇과 네임펜 활용이 적합하다. 상황에 따라서 의견과 해결안 등에 대해 색을 달리 적용할 수 있다. 참석자들이 모두 비슷한 생각을 하더라도, 아이디어를 생각할 수 있도록 적당히 생각할 시간을 할애해 주어야 한다.

● 온라인 협업 도구: 효율성 및 심리적 안전감 향상

대립된 의견이 많을수록, 더 나은 의사결정을 할 수 있다. 그러나 '발언자와 실행책임자'가 된다는 암묵적인 규칙이 작동해서는 선뜻 나서기 어렵다. 참석자 입장에서 침묵하는 것이 유리하다고 생각하도록 만든다.

참석자들의 익명성이 보장될 때, 심리적으로 안전하다고 느낄 수 있어야 솔직하고 창의적인 생각들을 표출할 수 있다. 포스트잇과 같은 간단한 문구류를 사용할 수 있지만, 온라인 협업 도구가 훨씬 유용하다.

종종 물리적으로 서로 다른 공간에서 리모트로 진행하거나, 시간을 두고 의견을 교환하도록 하는 경우에도 온라인 협업 도구가 유용하다. 패들렛Padlet, 잼보드Jamboard, 알로Allo, 카훗Kahoot, 멘티미터Mentimeter, 슬라이도

Slido 등의 앱은 의견제시와 피드백, 의사결정을 위한 투표기능까지 매우 유용하게 활용할 수 있다.

● **아이디어 촉진과 품질 향상을 위한 질문하기**

많은 참여와 아이디어 양을 높이기 위해서, 질문을 활용하여 자극할 수 있다.

– 혹시 더 고려할 부분은 없을까요? 혹시 누락된 요소는 없나요?
– 유사한 방법이나, 대체 가능한 대안은 없을까요?
– 사실인가요? 구체적인 사례나 근거는 무엇입니까?
– 사용자 입장에서도 동의할까요?

2) 결론 도출을 위한 수렴적 사고 촉진 방법

● **갤러리워크**Gallery Walk

미술관에서 작품을 관람하듯, 워크숍 참석자들이 다른 사람들이 도출한 아이디어와 중간 산출물을 확인하고 의견을 제시하는 방법이다. 의견은 말로 직접 전달하거나, 포스트잇이나 이젤 보드에 글로 작성할 수 있다. 참석자들의 공감과 지지에 대한 반응과 점수를 확인하기 위해 스티커 등을 활용한 투표Voting를 실시하기도 한다.

● 아이디어 유목화 분류 및 요약 정리

발산적 사고과정을 통해서 질보다 양에 집중한 결과 다양한 아이디어를 발굴할 수 있다. 최종 의사결정을 위해서는, 공통요소를 기반으로 유목화 과정을 진행한다. 이때 그룹별로 공통요소를 명확하게 구분할 수 있는 적합한 이름을 붙여야 한다.

아이디어의 인과관계나 상호 영향 관계 등을 명확하고 간결하게 요약하면, 결론 도출에 도움이 된다. 특히 프로세스맵이나 순서도 등의 도해로 시각화를 높이면 효과적이다.

● 월드카페 World Café

워크숍 참석 인원이 많거나 토의 주제가 다양한 경우, 다양한 사람들이 참여하여 의견을 교환할 수 있는 기회를 제공하는 데 효과적인 기법이다. 조별 토의 결과물에 대한 내용 검증과 품질 향상에도 유용하게 활용할 수 있다.

예를 들면, 워크숍에 참석한 16명이 각 4명씩 총 4개 조로 구성된 상황으로 가정하겠다. 각 조별로 호스트와 게스트의 역할을 명확히 나누도록 안내한다.

  – 호스트 1명, 해당 조의 결과물을 충실히 설명할 수 있는 사람으로 선
    정한다.

- 게스트 3명, 해당 조를 떠나 서로 다른 조로 이동하도록 이동지를 나눈다.
- 1조라고 가정하면, 호스트를 제외한 3명이 각 2조와 3조, 4조에 1명씩 흩어져 이동한다. 원래 1조에 남아 있던 호스트는 방문한 게스트들에게 결과물에 대해서 소개한다. 게스트들은 경청하고, 관련 의견을 전달한다. 활동이 종료되면, 원래 1조 조원들과 다양한 의견을 공유하고 종합하여, 최종 의사결정을 한다.

● **의사결정 기준 제시**

최종 의사결정을 통해서 선정된 아이디어는 참여적 의사결정과 문제해결에 도움이 되는 것이어야 한다. 수렴적 의사결정을 위해 의사결정 기준을 제시할 때 상황과 상관없이 활용할 수 있는 3가지가 있다.

- 효과성Purpose: 목표달성에 도움이 되는가?
- 효율성Profit: 투입 대비 효과가 높은가?
- 적용 가능성Process: 실제 적용 가능성이 높은가?

이 외에도 상황에 따라, 창의성과 도전성 그리고 희소성과 안전성 등을 적합한 기준으로 제시할 수 있다.

3) 문제 상황 해결을 위한 효과적 개입 방법

리더는 지금 상황에 개입하지 않으면 기대하는 결과를 만들어내기 어렵다는 판단이 들 때 개입을 결정한다. 퍼실리테이터의 개입이 참여자에게 불쾌하거나, 예의 없는 행동으로 인식되지 않도록 주의해야 한다. 왜냐하면 일반적인 대화라면, 상대방의 말을 끊고 중간에 개입하는 것으로 볼 수 있기 때문이다.

회의를 시작할 때, 개입하게 되는 상황에 대해서 미리 알려야 한다. 실제로 신중한 개입을 위해, 회의 흐름을 면밀히 관찰하고 개입 여부를 판단할 수 있어야 한다.

〈개입 여부 결정을 위한 고려사항〉
- 올바른 판단이 가능한, 충분한 관찰을 했는가?
- 관찰된 행동이 미팅의 효과성을 방해하고 있는가?
- 지금 개입하지 않으면 어떤 결과가 나올 것인가?
- 개입이 필요한 행동으로 사전에 참석자들에게 공유한 것인가?
- 개입에 필요한 기술을 갖추고 있는가?

● 명확성 높이기
말하는 사람의 의도를 명확히 이해하기 어렵거나, 익숙하지 않은 용어와 비유를 사용하게 되는 경우 명확성이 낮아질 수 있다. 토론 과정에서는 상대방의 입장이 명확하지 않을 경우, '○○일 것이다.'라는 가정을 쉽게 한다. 그리고 이를 바탕으로 한 걸음 더 나아가 '그러므로 ○○ 해야 한다.'라는 추론이 이어질 가능성이 높다.

의견교환 과정에서 가정과 추론의 모습이 관찰된다면, 퍼실리테이터의 개입이 필요하다. 개입의 요건을 확인했다면, 상대방을 비판하거나 비난하려는 의도가 아니라는 점을 느끼게 표현해야 한다. 상대방이 언급했던 말과 행동을 동일하게 재현하거나, 구체적인 묘사를 하면 좋다.

예시 1)
"잠시만요. 박 책임님! 방금 전 ○○라고 말씀하셨는데 맞나요?"
"예."
"비전문가인 제 입장에는 ○○은 △△로 이해되는데요. 맞습니까?"

예시 2)
"박 책임님! 방금 전 말씀하신 건은 이미 실패라고 가정하신 것으로 이해되는데요? 그렇게 판단하신 이유를 구체적인 사례를 들어 설명해 주시겠습니까?"

● **원활한 진행을 위한 문제 행동 조치**

– 발언 기회를 독점하거나 특정한 방향으로 주도하는 경우, 모든 사람들이 동등하게 발언의 기회를 누릴 수 있도록 당부 메시지를 다시 한번 강조해도 좋다. 이 방법이 통하지 않는다면, 너무 오랫동안 이야기하지 않도록 중간에 개입해서 제한해야 한다.

– 토의 주제와 상관없는 개인적인 잡담을 하는 경우, 즉시 문제 행동의 중단을 요구해야 한다. 그럼에도 불구하고 잡담이 계속되면, 자연스럽게 자리 배치를 조정하는 것도 방법이다.

– 모든 사항에 대해 논쟁적이고 불만과 부정적인 견해를 표현하는 경우, 자제를 요청하고 계속된다면 휴식시간에 건설적으로 행동할 것을 요구하거나 워크숍을 떠나도록 강한 메시지를 전달해야 한다.

리더는 팀 구성원이 자유로운 토의에 참여하도록 촉진함으로써, 더 나은 의사결정과 집단지성을 발휘하도록 이끌 수 있다. 연결과 협력이 중요한 수평 사회로의 전환이 가속화되는 만큼, 리더의 퍼실리테이션 스킬은 더욱 중요해지고 있다. 일상에서 반복되는 크고 작은 회의 운영 시 시도해 보기 바란다.

5장

이해 충돌과
갈등 해결을 위한
협상 방법

여러분이 만약 살고 있는 지역의 자치단체장이라고 가정해보자. 한정된 예산을 가지고, 시민들의 행복한 삶을 위한 정책에 배분하는 의사결정을 해야 한다. 수영장을 갖춘 실내체육관을 건설한다면, 대부분의 시민들이 자신의 집 근처로 유치하기를 원할 것이다. 반면, 재활용 또는 오수처리 시설을 건설한다면 모두 회피할 수 있다. 고민스러운 것은, 도시 전체를 위해서는 꼭 필요한 의사결정이라는 점이다.

리더의 입장에서 생각해봐도 비슷하다. 리더는 팀의 희소한 가치를 배분하는 의사결정을 해야 한다. 승진과 인센티브 등의 평가와 보상에 대한 의사결정은 매우 부담스러운 책임이다. 종종 팀원 모두가 기피하는 일을 누군가에게 할당하는 결정도 해야 한다.

그 과정에서 누군가는 반사적 이익을 누리게 되고, 또 다른 누군가는 반사적 손해를 볼 수도 있게 된다. 어떻게 해야 모두가 만족하는 의사결정을 할 수 있을까?

1

무엇이
협상인가?

1) 이해 충돌과 갈등 상황은 빈번하게 일어난다

영화 〈선생 김봉두〉의 한 장면을 살펴보자. 평온했던 마을에 싸움이
나서 동네 사람들이 말리고 있다. 유일한 초등학교 교사인 김봉두(차승원)
는 갈등 상황에 개입한 후, 격앙된 감정을 가라앉히려 중재한다. 차분히
서로의 입장에서 원하는 것을 듣고 난 후, 이를 명확하게 정리해서 당사
자들에게 말한다.

"남진이 아버님은 비닐하우스 농작물에 물을 뿌리기 위해서, 고무호스
를 끌어와야 한다는 말씀이시지요?", "성만이 아버님은 출하 때문에 경운

기가 꼭 이 길로 지나가야 한다는 거죠?"라고 당사자에게 확인한다. "그럼 그것만 해결되면 된다는 거죠?"라고 확약을 받아낸다.

잠시 후 삽으로 길바닥을 조금 파낸 후 고무호스를 매설한다. 경운기가 자유롭게 오고 가도 고무호스가 찢어질 일이 없어졌다. 선생 김봉두는 "이러면 된 거죠?"라고 말하며 유유히 자리를 떠난다.

마을 진입로 이용을 두고 서로 다른 입장의 갈등 상황을 지혜롭게 수습한 셈이다. 한정된 희소자원의 이용을 두고 서로 충돌한 상황에서, 어느 일방의 손을 들어주지 않았다. 오히려 양쪽 모두 원하는 것을 얻도록 창의적인 대안을 발굴하여 문제를 해결했다.

이처럼 협상은 원하는 것을 얻기 위한 과정으로 볼 수 있다. 리더 입장에서는 팀의 목표달성을 위해 팀원들의 갈등을 조정하거나 외부 이해관계자와의 상호작용 가운데 빈번하게 일어난다.

2) 갈등 해결을 위한 5가지 전략

갈등은 심리적 대립 상태 및 구체적인 행동 표출까지를 포함한다. 소극적인 반대의견 제시부터 적극적인 공격적 행동까지 다양하게 나타날

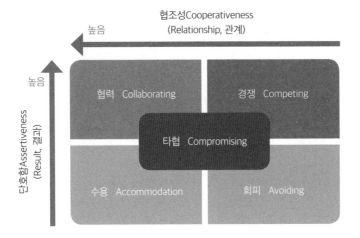

수 있다. 갈등이 꼭 나쁜 것만은 아니다. 집단지성을 통한 양질의 의사결정을 위해서는 상반된 의견이 많아야 한다.

리더 입장에서는 구성원과의 갈등만이 아니라, 구성원들 사이의 갈등도 효과적으로 관리해야 한다. 갈등을 방치하거나 적절히 관리하지 못할 경우, 심각한 문제를 일으킬 수 있다.

토마스Kenneth W. Thomas와 킬만Ralph H. Kilmann은 갈등 상황을 상대방과의 관계와 결과의 중요도를 기준으로 구분하여 적합한 전략을 총 5가지로 제시하였다. 모든 전략은 상황에 적합해야 한다. 다시 말해, 5가지 전략 모두 매우 유용하다는 의미다.

대응 전략	방법	적용 상황
회피	• 갈등이 없었던 것처럼 행동함으로써, 의도적으로 피하는 방법 • 자신과 상대방의 관심사 모두를 무시 하는 방법	• 사소한 문제이거나 더 중요한 문제가 많을 때 • '나'의 이익을 충족시킬 여지가 없다고 판단 될 때
수용	• 관계 유지를 위해 자신을 희생하고 상 대방의 주장을 받아들이는 방법 • 희생을 적극적으로 선택하는 능동적 방법	• 긍정적 관계 유지가 필요할 때 • 조화와 안정이 중요할 때
타협	• 서로 양보하여 절충안을 찾는 방법 • 제3자의 개입, 중재를 요청하기도 함	• 서로 융합될 수 없는 목표를 추구하고 있을 때 • 시간 압박으로 일단 해결점에 도달해야 할 때
경쟁	• 상대방의 손해가 있더라도 자신은 이 익을 얻으려고 하는 방법 • Win-Lose, Zero-sum, 파이 나누기	• '내'가 분명히 옳다는 것을 알고 있을 때 • 단호한 조치가 필요할 때
협력	• 양쪽 모두 만족할 수 있는 갈등 해결책 을 적극적으로 찾는 방법 • Win-Win, Positive-sum, 파이 키우기	• 상호 관심사가 매우 중요하여 통합적인 해결 책만이 수용될 수 있을 때 • 문제가 복잡할 때

출처: Thomas-Kilmann, 1976 재구성

3) 협상의 조건, 경쟁에서 협력으로!

경제학에서 합리적인 의사결정을 위한 모델을 설명할 때, '죄수의 딜레마'로 비유한다.

피의자 신분으로 수사를 받고 있는 두 공범자가 있다. 그 둘은 서로 만날 수 없는 상황이다. 수사관은 상대방의 범죄 사실에 대해 진술하면 형량을 경감시켜 준다고 회유하고 있다. 공범자들 입장에서는 두 사람 모두

진술을 거부하고 침묵하는 것이 가장 현명한 선택이 될 수 있다. 문제는 상대방이 이를 배신해서 수사관에게 자백을 할 가능성이 있다는 것이다. 나는 끝까지 묵비권을 행사했지만 상대방이 자백할 경우 자신만 손해를 보는 상황이다.

독방에 있는 그들은 불안 속에서 현재 자신에게 가장 유리한 선택을 할 수 있다. 결국, 장기적으로 두 사람 모두에게 가장 불행한 결론에 도달하게 된다. 죄수의 딜레마 상황은 우리 사회와 일터에 매우 빈번하게 나타날 수 있다.

- 명문대학 입시를 위해 치열하게 경쟁하는 상황에서, 내 아이가 뒤처지지 않도록 사교육비를 아낌없이 지출한다. 대부분의 부모들이 비슷한 선택을 하기 때문에, 더 많은 비용을 부담하면서도 기대하는 결과를 얻기는 점점 어려워지는 것이다.

- 일부 신흥국가들은 자국의 경제성장을 위해, 산업폐기물과 환경오염물질의 무단 배출을 눈감아 주거나 느슨한 규제로 관리한다. 그런 나라들이 늘어갈수록 수질과 대기 문제들이 전 지구적인 재앙으로 확대되게 된다. 단기적인 수익에 집착한 나머지, 장기적으로 후손까지 더 많은 비용을 지불해야 하는 역설적인 상황이 되는 것이다.

- 과거 냉전시대 핵무기 양산의 경쟁 속에서, 전 세계는 더욱 불안감이 높아지게 되었다. 그들도 개발과 생산, 유지관리에 투여되는 비용을 고려해 볼 때 옳은 선택이 아니라는 점은 잘 알고 있었다. 다만 불안하기 때문에 멈추지 않았다.

- 자사의 제품과 서비스를 확대하기 위해, 경쟁사보다 파격적인 할인 가격으로 판매전략을 수립하는 경우가 종종 있다. 결국 또 다른 경쟁사도 비슷한 할인정책을 하게 되면, 서로의 이익이 축소되고 불필요한 영업마케팅 비용이 증가하게 된다. 모두가 손해가 되는 셈이다.

죄수의 딜레마 상황의 전제는 '독방에서 서로 만날 수 없는 상황'이다. 경쟁 또는 불안 속에서 고립되어 있는 상황이라는 말이다. 만약 현실 세계라면 어땠을까? 함께 만나 단기적 관점에서의 이익과 장기적 관점의 이익을 꼼꼼하게 비교하고 선택 사항을 논의한다면 결과는 달라지지 않을까? 서로 공멸하기보다는, 공존을 통해서 성장하는 것을 선택할 것이다.

이것이 협상이고 정치이다. 이해 충돌 상황에서, 서로 대화하고 논의하는 과정을 통해서 모두 원하는 결과에 이르는 것이다. 논의 과정은 대부분 소모적 경쟁을 중단하고 양보와 타협 그리고 절충하는 협력에 초점을 맞추게 된다.

개인 간의 거래 과정의 흥정, 조직 간의 빅딜의 성사, 국가 간의 전 지구적 이슈에 공동 대응하는 ESG활동도 이러한 관점을 반영한 것으로 볼 수 있다.

이처럼 갈등과 경쟁이 협상으로 전환되려면 적어도 다음의 3가지 요건을 충족해야 한다.

- 나는 당신이 필요하고, 당신도 내가 필요하다. (상호의존성)
- 쟁점 사항은 그냥 주기 싫은 것이다.
- 밀고 당기다 보면 합의할 가능성이 있다.

리더의 입장에서는 팀원의 선발과 채용단계부터 새로운 목표와 과제를 배분하는 과정에서도 협상을 경험할 수 있다. 내부와 외부의 파트너도 그렇다. 그들이 꼭 필요하기 때문에, 납기와 품질 그리고 진행방식 등에 대해서 상호 논의를 통해서 더 나은 의사결정에 도달할 수 있다.

4) 협상은 파이를 키우는 공동 의사결정이다

지금 여러분에게는 피자 한 판이 있다. 그런데 쌍둥이 2명에게 나누어 주어야 하는 상황이다. 한참 자라나는 청소년 시기라, 먹을 것을 두고 다툰 적이 종종 있었다. 최대한 정확하게 절반을 나누려 노력했지만, 항상 남의 것이 더 크다고 불평하곤 한다. 피자 한 판을 더 사 올 수 있다면 좋겠지만, 그건 불가능한 상황이다. 한 명이 조금 더 먹게 되면, 다른 한 명은 적게 먹게 되는 상황이다. 이런 경우, **어떻게 나눠줘야 불만이 없을까?**

첫 번째는, 의사결정 과정에 참여시키는 것이다.

한 아이에게 피자를 최대한 균등하게 직접 자르도록 요청한다. 자르고 난 피자 조각을 선택할 수 있는 우선권은 다른 아이에게 부여한다. 선택권을 가진 아이에게 명확하게 전달한다. 이 상황을 공유하고, 가위바위보로 그들이 어떤 권한을 선택할지 직접 결정하게 참여시키는 것도 좋다.

두 번째는, 서로 원하는 것을 얻도록 돕는 것이다.

피자 크기에 대한 양적 측면의 문제를 서로 원하는 것에 집중하는 질적 측면으로 전환시키는 것이다. 두 아이가 각각 어떤 부위를 좋아하는지 확인한 후 배분한다. 한 명은 새우와 고기 등의 토핑을 좋아하지만, 다른 아이는 피자 도우에 들어 있는 치즈를 더 좋아한다는 사실을 확인하고 이를 반영한다. 피자의 크기에 대한 양적 차원의 문제를, 서로 원하는 부분에 주목한 질적 차원의 문제로 전환할 수 있다.

예시 상황이지만, 한정된 희소가치를 놓고 서로의 이익을 위해 경쟁하는 상황을 떠올려 볼 수 있다. 이때 그들은 의사결정자인 리더에게 공정하고 투명한 의사결정을 요구한다. 최근에는 사회 전반에서 더 높은 수준의 공정성을 기대한다. 하지만 리더도 뾰족한 수가 없다.

인간 사회에서는 절대적 진리와 객관적 사실에 의존하기 어려운 모호한 그레이존이 적지 않다. 유일한 것은 집단 구성원들의 참여를 통한 합의다. 태국의 병역제도는 '제비뽑기, 추첨'에 의한다는 사실을 알고 있는가? 이상해 보일 수도 있지만, 그들은 방법에 대해 서로 합의하고 수용하기 때문에 전혀 문제가 없다. 군대를 가야 하는 사람은 '운이 없었다'고 아쉬워하고, 면제를 받는 사람은 '운이 좋았다'고 기뻐한다. 그들의 역량과 배경, 정치력 때문이 아니다. 모두가 공개된 상황에서 직접 제비를 뽑았기 때문이다. '의사결정 과정 참여'가 핵심이다. 집단 구성원에게 권위를 세워주는 가장 큰 힘은 '참여적 의사결정'이다.

협상 관점에서 더욱 중요한 부분은, 경쟁자 모두 원하는 것을 얻도록 결론을 찾는 것이다. 승패Win–Lose게임이라면, 합의를 이끌어도 이후 또 다른 갈등의 불씨가 되기 마련이다. 각자 원하는 것 모두를 얻지는 못해도, 양보를 통해서 이익을 확대하는 것이 합리적인 선택이 된다. 경쟁상황의 불안 속에서 협력을 통한 공존이 가능하도록 초점을 맞추어야 한다.

요약해보면, 협상은 상호의존적인 상황에서 공동의 이익이라는 목표를 향해 복잡한 문제를 해결하는 과정으로 볼 수 있다. 공동의 문제해결과 의사결정 과정이 되려면, 상호의존적 관계에 대한 인식과 공감이 전제가 된다.

5) 협상의 성공 요인

협상의 성공은, 이해 충돌과 갈등 상황을 원만하게 해결했음으로 볼수 있다. 경쟁 상황에서 일단 나의 이익이 충족된 상황이 첫 번째다. 그러나 단기적인 거래보다는 장기적 관점에서 서로 윈윈할 수 있는 대안에 합의할 때로 보면, 상대방도 원하는 것을 얻게 되었을 때 진정한 성공이라볼 수 있다.

리더 입장에서 팀의 목표달성에 성공하는 것이 중요한 관심사이지만, 팀원의 입장에서는 자신의 성장과 성취감 그리고 인정에 대한 욕구 충족이 더 중요한 관심사가 된다. 팀원의 몰입과 성장은 팀의 장기적 성장과목표달성에 분명하게 기여한다는 관점이 있을 때, 진정한 성공으로 볼 수있을 것이다.

그렇다면, 협상을 성공으로 이끄는 요인은 무엇이 있을까?

협상의 대가인 허브 코헨Herb Cohen은 힘Power, 정보Information, 시간Time을

중요한 변수로 강조했다. 특히 상대방을 설득하는 교섭의 과정에서 영향력을 행사할 수 있는 다양한 힘을 구체적으로 제시했다. 논리적 설득을 위한 유효한 정보와 심리적 전술을 활용할 수 있는 요소들도 빼놓지 않았다.

와튼스쿨의 최고 강의로 명성이 높은 스튜어트 다이아몬드Stuart Diamond 교수는 『어떻게 원하는 것을 얻는가』라는 책을 통해 다양한 협상 성공 사례를 소개했다. 변호사이자 컨설턴트였던 그는 결국 이성이 아니라 상대방과의 공감이라는 측면의 감성이 중요한 영향요소라는 점을 강조했다.

로버트 치알디니Robert Cialdini의 설득의 심리학은 '논리'가 아닌 '심리'를 활용한 전략에 주목하고 있다는 측면에서 스튜어트 다이아몬드와 같은 목소리로 볼 수 있다.

역사상 가장 수평적인 직접민주주의 시대 아테네를 기억하는가? 시민들의 지지를 얻기 위해 정치인들은 설득 스킬을 배우려 노력했다. 당시 철학자들이었던 소피스트들은 정치가들에게 수사학Rhetoric을 가르쳤다. 아리스토텔레스의 수사학은 설득의 핵심 성공요소를 3가지로 제시한다. 첫째, 말하는 사람의 인격에 기반한 신뢰를 의미하는 '에토스Ethos'다. 둘째, 듣는 사람들과 정서적 교감을 통한 양방향 소통의 '파토스Pathos'다. 셋째, 구체적인 사실과 논리를 중심으로 전달하는 '로고스Logos'를 강조했다.

이 중 가장 으뜸은 '에토스'이며, 맨 나중이 '로고스'였다. 설득의 성공을 위해서는, 상대방과의 관계와 공감이 훨씬 중요하다는 점이다. 논리는 필요조건이지만, 심리가 충분조건임을 확인하는 대목이다.

협상의 상당한 비중을 차지하는 것은 구체적으로 주장과 반론, 제안과 또 다른 제안의 소통이다. 많은 협상 전문가들이 협상과 설득을 같은 개념으로 설명하는 이유도 여기에 있다. 그러나 면밀하게 보면 협상은 구체적인 계획과 전략을 수립하는 사전단계와 최종 종결단계에서 합의 내용을 정리하고 후속 조치에 대한 논의와 이해관계자에게 결과를 발표하는 단계도 고려해야 한다. 협상 전, 협상 중 교섭 과정의 설득, 그리고 합의 후 논의결과 정리와 공유단계의 3단계로 볼 수 있다.

정리해보면, 협상을 성공적으로 이끌기 위해서는 유효한 정보를 바탕으로 한 이성적 논리와 상대방과의 신뢰와 공감을 바탕으로 한 심리적 스킬을 확보해야 한다.

2

데이터를
기반으로 한
논리적 설득

1) 과학적 협상을 위해 꼭 기억해야 할 개념

협상은 과학이다. 인간과 사회라는 주관적 요소가 크지만, 누구라도 체계적인 접근을 한다면 좋은 결과를 얻을 수 있다. 과학의 핵심은 재현 가능성Reproducibility이다. 동일한 조건으로 같은 프로세스를 따르면 기대하는 결과를 만들어 낼 수 있어야 한다. 훌륭한 셰프들의 검증을 마친 레시피를 그대로 적용하면, 실력과 상관없이 비슷한 맛을 낼 수 있는 것과 같다. 협상 전문가들의 어깨 위에서, 좋은 결과를 기대한다면 다음의 핵심 개념은 반드시 기억해 두기 바란다.

- 입장立場, Position: 표면적으로 드러난 역할, 요구
- 이해利害, Interest: 드러나지 않은 진짜 바라는 기대, 욕구

상대방의 입장에서 전달하는 제안과 주장은, 상대방의 진심이 아닐 수도 있다. 표면적으로 연봉 인상이나 직무 이동을 요구하지만, 진짜 원하는 기대는 자신의 인정에 대한 실망감과 경력 성장에 대한 욕구 충족 때문일 수 있다. 유능한 협상가는 요구보다는 욕구에 주목한다.

- 협상 가능 구간(ZOPA, Zone Of Possible Agreement): 합의할 수 있는 범위, 이해의 교집합
- 협상 결렬 구간(Bottom Line): 협상 한계선, 마지노선
- 배트나(BATNA, Best Alternative To a Negotiated Agreement): 협상이 결렬되었을 때, 선택할 수 있는 최선의 대안

예시) 팀의 외부 파트너와 용역 계약을 갱신하는 과정에서, 파트너사에서 물가인상 등의 요인으로 단가 인상을 요구해왔다. 최소 20% 이상 올리지 않으면, 거래를 지속하기 힘들다고 사정을 설명했다.

파트너사는 우리 제품에 가장 중요한 원재료를 공급하고 있으며, 국내에서 찾을 수 있는 유일한 업체다. 팀 입장에서는 최대 25% 인상을 예상하고 예산을 책정해 두었다. 여기서 협상 가능 구간은 20~25%가 된다.

20% 미만인 경우 파트너가 결렬을 선언하게 되고, 25% 이상을 요구하면 팀에서도 재계약이 불가능한 상황이다.

협상에 임하는 팀장 입장에서는, 혹시 결렬될 수 있다는 가능성을 염두에 두어야 했다. 팀원에게 기존 동남아 원재료 업체 중에 조건을 만족하는 기업이 있는지 찾도록 지시하고, 3개의 차선책을 확보하였다. 그리고 국내에 모듈 전체를 완제품 형태로 납품할 수 있는 업체도 추가로 발굴했다. 팀장 입장에서는 2개의 배트나를 미리 갖고 있는 상황이라, 파트너사와의 협상을 보다 강하게 이끌 수 있게 되었다.

이처럼 유능한 협상가는 나와 상대방의 협상 가능 구간과 결렬 구간을 정확하게 파악하고, 대체 가능한 대안들을 다수 발굴한다.

2) 유효한 정보관리 방법

여러분은 협상 상황에서 내가 원하는 가격 또는 조건을 먼저 제시하는 것이 좋다고 생각하는가? 아니면, 상대방이 제안해 오는 내용을 듣고 검토 후에 의견을 전달하는 것이 좋다고 생각하여 선제공격을 할 것인가? 아니면 카운터펀치를 날릴 것인가? 협상에는 나름 모범답안이 있다. '나와 상대방'에 대한 유효한 정보를 알고 있다면, 선제공격을 해도 좋다. 그

반대의 경우라면, 일단 상대방의 제안을 기다리는 것이 현명한 선택이다. '유효한 정보의 양'에 따라 결정하면 된다.

협상은 상대방과 함께 문제를 해결하는 과정으로 볼 수 있다. 모든 문제해결은 원하는 목표달성을 위해, 근본 원인을 찾아 적합한 해결방안을 실행하는 과정으로 볼 수 있다. 이 과정에서 데이터를 수집하고 분석, 해석하는 일련의 과정은 논리적 사고가 뒷받침되어야 한다.

상대방을 설득하는 과정에서도, 나의 주장이나 제안을 상대방이 수용하도록 명확한 논리를 갖추어야 한다. 조직의 비즈니스 상황이라면, 이해관계가 명확하기 때문에 데이터와 논리를 기반으로 검토한다.

어떤 데이터가 필요한가?

- 협상 상대: 상대의 요구와 욕구, 상대방 협상 전략 및 스타일, 상대의 협상 결렬 비용, 과거 협상 사례, 개인적 정보 등
- 협상 주제: 협상에서 다룰 것으로 예상되는 주제를 폭넓게 가져가야 유리함
- 이해관계자: 협상에 영향을 미칠 수 있는 주요 의사결정자 및 주변 인물
- 자신에 대한 정보: 자신의 협상 스타일과 강/약점, 자신의 경제적/인간적 입장, 자신의 협상 결렬 비용, 기타 상황 등

데이터는 어떻게 수집할까?

이미 공개되어 있는 문헌자료에서 시작하는 것이 효과적이다. 홍보자료나, 신문기사, 기존 거래 내용 등 객관적 자료를 기반으로 접근하는 것이 좋다. 상대방과 실제 협상 경험이 있거나, 잘 알고 있는 주변 사람들과 인터뷰를 통해서 확보하는 것도 필요하다. 가장 최근의 변화, 그리고 자료에서 확인하기 어려운 성격 특징과 내적 욕구를 엿볼 수 있다.

데이터는 협상을 위한 가치 있는 정보로 가공해야 한다.

수집된 데이터는 검증 과정이 필요하다. 출처의 신뢰수준이 낮다면 폐기해야 한다. 가장 최근의 완결된 내용인지 확인해야 한다. 개개의 단서가 되는 데이터를 기반으로, 추이와 패턴 등을 파악해서 보다 유용한 정보로 만들어야 한다. 출근길 하늘이 잔뜩 찌푸려 있다면, 일기예보를 보지 않더라도 우산을 준비한다. 시사점과 적용점을 도출해서, 협상의 계획 수립이나 교섭 과정의 설득을 위한 논거로 적합하게 활용해야 한다.

3) 논리적 설득을 위한 화법

논리란 주장하는 메시지와 이를 뒷받침하는 구체적인 데이터와 이론 또는 권위 등의 논거가 짜임새 있는 경우를 말한다. 쉽게 '자연스러움'으로 바꾸어 이해해도 좋다. 주장에 대한 이유가 '타당하고 납득될 만한 내용'일 때, 논리성을 갖추었다고 말할 수 있다.

논거는 상대방도 인정할 수 있는 널리 알려진 내용일수록 효과적이다. 예를 들어, 법적 근거나 과학적 사실과 구체적인 사례 등을 생각해 볼 수 있다. 너무 많은 논거보다는 3가지 이내의 가장 핵심적인 내용을 중심으로 전달하는 것이 임팩트가 높다.

첫째, 주장은 프렙PREP**을 활용한다.**

프렙은 신문의 사설 구조에서 빌려온 형식으로, 간결하지만 강력하다. 도입부에서 주장하고, 종결 시에 재강조하는 반복을 통해서 '원하는 메시지'가 무엇인지 명확하게 전달할 수 있다. 상대방의 설득 논거도, 개념적 측면의 이유뿐 아니라 구체적 사례를 통해서 제시하도록 구조화되었다.

구분	내용	활용 문장	예시
Point 주장	가장 중요한 핵심을 먼저 말한다.	• 저는 ~해야 한다고 생각합니다! • 오늘 말씀드리고 싶은 것은 ~입니다!	저는 담당 역할 배정을 조정할 필요가 있다고 생각합니다.
Reason 이유	앞에서 주장한 이유나 배경을 풀어 설명한다.	• 왜냐하면 ~이기 때문입니다! • 그 이유는 ~입니다!	왜냐하면, 최근 신규 프로젝트 수행으로 기존 운영 업무 공백이 예상되기 때문입니다.
Example 예시	주장을 증명하는 구체적인 사례를 몇 가지 소개한다.	• 예를 들면,~ • 구체적으로 말씀드리면~	예를 들면, 매주 거래처 현황 보고와 재고관리 업무를 놓칠 가능성이 높습니다.
Point 재강조	다시 한번 주장의 요점을 강조하고 마무리한다.	• 말씀드린 바와 같이, • 결론적으로~ 다시 말씀드리자면~	결론적으로, 다음 주까지는 조정미팅을 진행했으면 합니다.

어디에나 유효하게 활용할 수 있는 접속사 3가지를 꼭 기억하기 바란다.

- 왜냐하면~
- 예를 들어~
- 그러므로~

둘째, 반론은 3F를 활용한다.

민감한 주제를 다룬 협상의 경우 설득 과정에서 나의 주장에 대해서 반대하는 경우, 또는 단점이나 불만을 표출하는 경우가 있다. 이때 건조한 논리로 접근하게 되면 '팩트 폭행' 또는 '서로의 입장 차이를 재확인'하는 수준을 넘어설 수 없다.

반대는 환영하지만, 감정적 갈등으로 번지지 않도록 주의해야 한다. 구체적으로, 상대의 입장에서는 충분히 그런 주장 또는 감정이 가능하다는 점을 명확하게 인정하는 과정이 꼭 필요하다. 마치 완충제인 '스폰지'를 덧대는 것과 비슷하다.

핵심은 상대방의 반론과 불만에 대해서, 먼저 인정과 공감의 정서적 표현을 충분히 전달하는 것이다. 존중감을 담아내기 위해서는 약간의 호흡이 필요하다. 그리고 정중하게 '나도 몰랐지만 알게 된 것'이라는 점의 '인지부조화'를 유도한다. 상대방의 신념과 경험이 부족하거나 틀릴 수 있다는 것을 알려주는 것이다.

유용하게 쓸 수 있는 표현 3가지는 꼭 기억하길 추천한다.

- 그렇지요.

- 저도 그랬다.

- 그런데 알고 보니

구분	내용	활용 문장	예시
Feel	상대방의 현재 감정을 확인한다.	그렇게 느끼시는군요	조직 개편 결과에 대해서, 당혹감을 느끼시는군요.
Felt	동일하거나 유사한 과거 경험을 들어 공감을 표현한다.	• 저도 그렇게 생각했습니다. • 다들 그렇게 느꼈습니다.	아시다시피 저도 영업현장에서 갑자기 본사로 이동하게 되었던 경험이 있습니다. 당황스럽고 자신감도 낮았습니다.
Found	상대방이 몰랐거나, 간과했던 부분을 알려준다.	그런데 알고 보니, 다른 점이 있더군요.	그런데 지나 보니 커리어에 정말 좋은 기회였습니다. 그 시기 1년 동안 지금의 직무 전문성과 소통 역량을 키울 수 있었습니다.

3

심리를
기반으로 한
협상 전술

1) 최고의 설득전문가 마케터, 그들은 인간의 욕망을 자극한다

하루 동안의 긴장이 사라진 늦은 저녁 시간 TV 채널을 돌리다 보면, 홈쇼핑과 광고를 쉽게 접하곤 한다. 몸매와 건강을 관리하기 위해 꾸준히 운동하고 있는 상황인데, 공유라는 배우가 맥주 한 캔을 시원하게 들이켜는 장면이 나온다. 순간 맥주 한 잔 정도는 괜찮지 않을까 합리화한다. 잠시 후 날씬한 여배우 전지현이 바삭한 치킨을 먹으며, 살이 찌지 않을 것처럼 유혹한다. 화면 속 광고영상은 나의 내면 욕구Needs를 순식간에 자극한다. 조금 지나 지금은 치맥이 필요한 순간이라고 필요Wants를 더욱 강렬히 일으킨다. 결국 냉장고를 찾다가, 배달 앱을 열고 결제 버튼을 누른다.

우리 내면의 욕구를 자극해서, 지갑을 열게 하고 시장의 구체적인 수요 Demands로 설득한 것이다.

일상의 가장 탁월한 설득전문가인 마케터들의 전략에 무장해제 되는 순간이다. 나이키와 아이폰, 코카콜라는 제품의 구체적인 사양을 설명하지 않는다. 고도의 전문가들이 짧은 광고시간 동안 최대한 강렬한 메시지를 오랫동안 기억하도록 궁리한 결과다.

미국 뉴욕대 마케팅 교수인 스콧 갤러웨이Scott Galloway는 이를 잘 설명한다. 구글과 페이스북, 아마존과 애플은 전 세계인을 대상으로 그들의 제품과 서비스를 팔기 위한 전략으로 '인간의 욕망'에 주목하고 있음을 강조한다. 인간의 심리와 사회적 욕망을 실시간으로 자극하면서, 엄청난 매출을 올리고 있다.

우리도 모르게 스마트폰 앱 설치 과정에서 동의한 개인정보를 통해서, SNS에서는 실시간으로 관심 정보를 노출시킨다. 그들은 우리의 마음을 자극한다. "지금이 아니면 이 가격에 절대 살 수 없다. 용서가 허락보다 쉽다."라고 속삭인다.

보험광고도 비슷하다. 아이들이 주로 보는 채널에 어르신들을 위한 보험광고가 자주 등장한다. 로또보다도 일어나기 어려운 확률의 사건과 사고 위험을 잔혹하게 묘사한다. 그리고 과장된 수치로 설득한다. 두려움을 회피하고자 하는 인간의 욕망을 자극하는 전략이다.

협상은 원하는 것을 얻기 위한 소통의 기술이다. 인간행동을 이끄는 것은 동기動機, Motive다. 이를 관심사와 욕구로 봐도 무리가 없다. 모든 인간이 원하는 관심사를 크게 2가지로 나누어 보면, 간절히 이루고자 하는 '접근 동기'와 일어나지 않기를 바라는 '회피 동기'가 있다. 동기를 자극하는 것이 상대를 설득하는 가장 효율적인 전략이 된다. 리더는 팀원과 이해관계자 입장의 관심사를 기반으로, 어떻게 접근할지 궁리해야 한다.

2) 가격에 집착하지 말고, 가치를 교환하라

우리는 시장에서 어떤 제품이나 서비스를 구매하는 경우, 대부분 가격을 먼저 생각한다. 시장의 적정 가격이 불명확한 농산물 거래의 경우를 생각해보자. 구매자와 판매자 모두 물건과 대금을 교환하는 거래 상황이므로, 이익은 취하고 손실은 회피하려는 욕구가 있다. 최대한 낮은 가격에 사고 싶고, 높은 가격에 팔고 싶은 것이 심리다. 가격에 집착하게 되면, 이해관계가 명확하다. '파이를 나누어 먹는 것'과 같은 제로섬 게임이 된다.

만약 사과 1박스가 아니라 100박스를 매년 10월에 10년 동안 구매하려는 의사가 있는 구매자라면 어떨까? 판매자는 같은 가격으로 판매하기를 고집했을까? 또는 판매자가 유기농법으로 재배한 친환경 사과로 높은 당도와 빠른 배송에 대한 철저한 서비스를 약속한다면 어떨까? 맛있는 과일을 분별하는 능력이 없는 구매자라면 만족스러운 조건이 아닐까 싶다.

우리는 대부분 표면적으로 보이는 거래 조건에 집착하게 된다. 물론 단기적으로 1회성 거래라면 문제가 없다. 그러나 장기적 관점에서 제품이 아닌 '사람이 하는 서비스'라면 관점이 전혀 달라진다.

리더에게는 팀원의 역량과 의욕이라는 내적 특징이 가장 중요한 자원이 된다. 회사의 작업공간과 설비, 원재료와 매뉴얼 등이 완비되어 있더라도 실제 수행하는 작업자가 변수가 될 수 있다. 임금과 시간으로 근로계약을 시작하지만, 그들이 몰입하고 높은 성취를 이끌기 위해서는 '팀원 입장에 의미 있는 가치'를 제공해야 한다. 그래야 파이를 키우는 윈윈이 된다. 더 오랫동안 조직에 남아 있기를 원하고, 더 높은 수준을 달성하기 위해 자발적으로 노력할 수 있다. 거래 조건의 숫자에 집착하면, 더 큰 가치를 만들 수 없다.

가치는 주관적이며, 측정이 쉽지 않은 정성적 특징을 가지고 있다. 그러므로 상대방에 대한 관심사를 잘 파악하고 이를 충족시킬 수 있는 방안을 고민해야 한다. 리더는 팀원의 기대와 우려 사항을 해결할 수 있는 다양한 가치를 발굴해야 만족을 이끌 수 있다. 임금과 근로조건의 외재적 보상은 한계가 있으며, 더 주고 싶어도 줄 수 없는 경우가 많다. 그러나 팀원의 주관적인 심리적 가치에 주목하면 훨씬 많은 것들 주고받을 수 있다.

주고받는 순서를 꼭 기억해야 한다. 이것이 양보 전략이다. 양보가 전략이 될 수 있다는 점은, 적게 주고 많이 받아낼 수 있기 때문이다. 협상의 상대방에게 이유 없이 주는 것은 효과가 없다. 흔히 '호의는 호구'가 될 수 있다. 여기 중요한 핵심이, '다음 순서는 당신이다.'라는 부담감을 명확하게 전달하는 것이다.

팀원의 기대	리더의 기대
- 경제적 필요를 채우고 싶어 한다. - 존중과 배려를 받고 싶어 한다. - 상사와 동료와 소통하고 싶어 한다. - 해당 분야의 전문성을 키우고 싶어 한다. - 배운 지식을 실험하고 적용하고 싶어 한다. - 새롭게 경험하고, 배우고, 성장하고 싶어 한다. - 고객과 사회에 의미 있는 기여를 하고 싶어 한다.	- 구성원들에게 존중과 인정받기를 기대한다. - 효과적인 목표달성을 기대한다. - 구성원들의 생산성 향상을 기대한다. - 구성원들의 협업과 시너지를 기대한다. - 조직이 지속적으로 성장하고 발전하기를 기대한다. - 일터의 자원을 내 것처럼 아끼고 활용하기를 기대한다.

3) 설득의 심리학 6가지

로버트 치알디니는 인간행동의 특징을 바탕으로, 설득 장면에서의 보이는 공통적인 특징을 나름의 법칙으로 제시했다. 사회과학은 필연적이지 않다. 확률과 통계에 의한 것이므로, 예외가 존재할 수 있다. 보편적인 행동특성을 이해하는 데 보조적으로 참고하면 된다.

- 상호성의 법칙: 상대방의 호의에 보답하려는 강박관념이 있다. 누군가에게 선물과 호의를 베푸는 것은 효과적인 '양보' 전략으로도 활용된다.

- 호감의 법칙: 누구나 자신과 유사성이 많거나, 자신을 칭찬하는 사람, 자신에게 우호적으로 협력적인 사람에게 호감을 갖는다. 첫 번째 '좋아, Yes'를 이끌면 두 번째 '맞아'라고 생각하고 의견을 수용할 확률이 높다.

- 일관성의 법칙: 어떤 입장을 취하면 이를 유지하기 위해서 일관된 행동을 하는 경향이 높다. 초기에 참여하고 동의하면, 이후에도 같은 입장을 유지할 확률이 높다.

- 사회적 증거의 법칙: 확신이 없는 상황에서는 다른 사람들의 행동을 보고 판단한다. 집단지향성과 동조 현상을 보일 확률이 높다.

- 권위의 법칙: 불확실한 상황에서 전문가 의견을 따를 가능성이 높

다. 학력과 자격, 수상 이력 등의 정보를 병원 대기실 앞에 부착하는 이유다.

● 희귀성의 법칙: 갖기 힘든 것에 대한 열망이 더 높다. 홈쇼핑에서는 한정판, 매진, 유일한 기회 등을 끊임없이 강조한다.

4) 효과적 협상 전술

소비자행동심리는 객관적 사실보다는 인간의 불안에 주목한다. 어떤 사실을 알게 된 수준을 넘어 시급하고, 중요하고, 간절하다는 '감정'을 느꼈는지가 핵심이다. 특히 부정적 감정인 '불안감'이 효과적이다. 협상 전술은 논리적 접근과 함께 심리적 특징을 고려하여 설득의 성공을 이끄는 데 기여한다.

● **익스플로딩 오퍼**Exploding offer
상대방에게 몇 가지 제안을 한 후, 약속한 기간이 경과하면 제안을 철회할 것이며 앞으로 동일한 제안은 하지 않을 것임을 단호하게 전달하는 전술이다.

"오늘 오후까지 직무 이동 신청을 하면 본사로 발령을 내어 줄 수 있지만 그 이후에는 불가합니다.”

“오늘 계약하신다면, 추가로 A/S 기간을 6개월 연장해드리고 결재방
법도 무이자할부로 해드리겠습니다. 하지만 내일 이후에는 기존의
계약 조건밖에 해드릴 수 없습니다.”

상대방 입장에서는 제안 내용을 확정된 '이익'으로 여기기 때문에, 이
를 포기하는 것은 큰 손실을 보는 것이라 느끼게 된다. '손실회피편향'에
의한 것이다.

● 플린칭 Flinching

상대방의 제안에 심각한 불만을 표하거나 기뻐하는 과장된 행동을 보
여줌으로써 상대방이 협상에서 이기고 있다는 생각이 들도록 유도하는
전술이다. 흔히 말해, 오버액션이다. 포커페이스와도 비슷하다.

“아이쿠, 그건 너무 지나친 요구라고 생각됩니다. 그건 말도 안 되죠!”

“정말 그렇게 약속해 주신다는 건가요? 제가 너무 감사하죠!”

● 굿가이 배드가이 Good Guys VS Bad Guys

협상에서 2명이 팀을 이뤄 서로 상반된 모습을 연기하는 방법이다. 한
명은 과격하고 단호한 입장을 보여주는 반면, 다른 한 명은 배려심 깊은
모습으로 합의를 위해 애쓰는 모습을 보여주는 전술이다. 상대방은 논리

적이며 매너 있는 협상자의 의견을 따를 가능성이 높다.

북미 회담에서, 트럼프는 대북 강경주의자 폼페이오를 내세워 강경책을 제시하는 한편 자신은 합리적 중재를 위해 애쓴다는 입장을 보여주려 했다.

피의자 조사 중에 두 명의 형사가 역할을 나눈다. 첫 번째 형사는 자백을 꺼리는 피의자에게 위압감을 느끼게 하는 표정과 신경질적인 말투로 진행한다. 자칫 긴장감이 높아지는 상황에, 두 번째 형사가 커피와 담배를 준비해 다시 이야기해보자고 제안하며 따뜻한 표정과 말투로 중재에 나선다.

● 니블링Nibbling

니블링이란, 땅따먹기 게임에서 상대편의 영역을 조금씩 야금야금 내 것으로 빼앗아 오는 것을 의미한다. 큰 틀에서 합의한 후, 세부사항을 조율하는 과정에서 상대방의 양보를 조금씩 요구하는 전술이다.

예를 들면 정장을 구매한 후, 계산 단계에 이르러 셔츠나 양말 등의 소소한 서비스를 요구하는 것이다. 적어도 손수건이나 할인 쿠폰 정도는 얻어갈 수 있다.

● 프레이밍Framing

프레임이란, 창문틀을 의미한다. 인간이 사물과 상황을 인식할 때, 어떤 틀로 접근하는지에 따라 전혀 다르게 인식될 수 있다. 협상에서 상대방의 시각을 일정한 방향으로 돌려 정해진 틀 속에서 해당 이슈를 검토하도록 유도하는 전술이다.

예를 들어, 인센티브 지급률 결정에 대한 노사협상에서 경영진은 회사의 지속가능한 성장을 위한 투자 측면에서 애사심과 미래지향적 관점을 강조한다. 반면, 노조 측에서는 실질적 성과 창출의 주체인 구성원들에게 공정한 몫을 돌려주는 계약관계를 강조한다.

6장

팀원의 구체적인
목표와 역할을
배분하는 소통

팀과 조직이 존재하는 이유는 명확한 목표달성 때문이다. 앞서 살펴보았던 '미션'은 이를 잘 설명한다. 과업수행을 통해 결과를 만들어야 하는 것이 첫 번째다. 단기적 관점이 아닌 지속가능한 성장에 초점을 둔 장기적 관점으로 접근해야 한다. 그러므로 팀의 목표달성뿐만 아니라, 팀원들이 바라는 몰입과 성장 등의 욕구도 충족할 수 있어야 한다.

리더는 팀의 목표와 달성 전략 그리고 구체적인 실행과제를 팀원에게 명확하게 소통해야 한다. 일방적인 지시와 할당의 방식보다는, 팀원의 전문성과 관심사 등을 고려하여 배분하도록 절차에 주의를 기울여야 한다. 그래야 목표와 과제에 대한 수용도가 높아지고, 궁극적으로 실행력을 기대할 수 있다.

1

팀 목표달성 전략을 구체적인 과제로 팀원에게 배분하는 방법

1) 팀의 명확성을 높이는 과정, 팀 발달 단계

천만 관객의 대흥행 기록을 세웠던 영화 〈도둑들〉은 팀을 통해 목표를 달성하는 과정을 단계적으로 보여준다. 리더 마카오 박(김윤석)은 기존에 알고 있던 각 분야별 최고 실력자들을 모아 300억짜리 보석 절도 계획을 수립한다. 다양한 사람들이 설레는 목표에 대한 기대감 하나로 모여들었다. 팀의 형식을 조금씩 만들어 가면서 어색한 긴장 상황이 지나간다. 서로를 알게 되는 과정에서 각자의 셈법이 다르다는 사실을 확인하게 된다. 각자 최고답게 균등한 이익 배분보다는 자신이 더 많은 이익을 취하겠다는 욕심을 갖고 있다. 왜냐하면, 자신이 희소한 전문성을 가졌고, 성과 공헌도가 높다고 생각하기 때문이다. 역할에 대한 갈등을 조정하고, 전략 실행을 위한 계획을 공유하는 과정을 통해서 팀 전체의 명확성이 높아지게 된다. 결국 그들이 간절히 바라던 목표를 이루며 영화는 마무리된다.

모든 팀은 발달의 단계를 거친다. 마치 인간처럼, 외적인 성장과 내적인 성숙의 과정이 필요하다. 조직심리학자 터크만Bruce Tuckman 교수가 제시한 팀 발달 단계 모델은 이를 잘 설명한다.

팀은 초기에 목표달성에 대한 의욕은 높지만, 생산성은 높지 않은 상태에서 시작된다. 이것이 형성기Forming이다. 이때 리더는 팀으로 모이게 된 이유에 대해서 명확하게 알려주어야 한다.

이후 서로 어느 정도 알게 되면서 상호작용을 하게 된다. 각자의 가치관과 성향을 드러내게 되면서, 그레이존의 모호함에 대한 의견 대립과 갈등이 증가하게 된다. 두 번째 단계인 혼돈기Storming이다. 리더는 의견 대립 과정에서 불필요한 오해가 없도록, 서로의 역할과 책임 등을 명확하게 구분하도록 노력해야 한다.

각자의 역할에 따라 열심히 하더라도, 함께 공동으로 진행해야 하는 협업 프로세스가 여전히 모호하다. 자신에게 익숙한 방식으로 추진해오던 것에서, 모두가 효율적으로 일할 수 있는 프로세스를 정립하는 단계이다. 이것이 세 번째 규범기Norming이다. 리더는 의사소통과 의사결정 그리고 문제해결 등의 공통 프로세스를 명확하게 정립하도록 참여적 의사결정을 이끌어야 한다.

이런 발달과 성숙의 단계를 거친 후에 비로소 기대하는 최고의 성과를 달성하게 된다. 네 번째 단계인 성취기Performing이다. 팀원의 성숙도를 고려해서, 리더는 최대한 권한을 위임해서 구성원이 자율과 책임의 원칙 아래 역할을 다하도록 도와야 한다.

리더는 목표와 역할 그리고 일하는 방법에 대한 기준을 명확하게 소통하기 위해 노력해야 한다. 각 단계별 적합한 소통의 초점을 실행하지 못하면, 높은 수준의 생산성을 기대하기 어렵다.

2) 전략목표 달성을 위한 실행 과제 도출과 배분 방법

팀은 상위조직의 목표달성을 위한 전략을 실행해야 한다. 다시 말해, 상위조직 입장에서 목표달성을 위한 수단이 팀의 목표가 된다. 마찬가지로 팀 차원의 목표달성을 위해서는 팀원들이 구체적인 과제를 성공적으로 완수해야 한다. 리더는 상위조직의 전략적 방향과 연계된 구체적인 실행과제를 도출해야 한다.

● 상위조직의 전략 방향에 대한 충실한 정보 제공

팀원들은 상위조직의 중요한 정보에 대해서 리더를 통해서 듣게 된다. 가장 권위 있고 최신의 정보는 리더에게 나온다는 점을 신뢰하도록 노력해야 한다.

  – 회사 전체 주요 실적 현황

  – 시장 및 경쟁사 분석, 동향 업데이트

  – 대내외 주요 이해관계자의 정보 업데이트

  – 사업부 또는 본부별 중점 추진 전략

기업 전략에 대한 정보 또는 상위조직의 지침에 대해서 구성원들에게 전달할 때, 유의해야 하는 부분이 있다. 사실과 해석을 구분하여 전달하는 것이다.

제일 중요한 것은 리더가 전해 들은 사실을 '있는 그대로 전달'해야 한다. 필요하다면, 상위조직 리더의 표정이나 강조 포인트를 동일하게 묘사해야 한다. 그래야 절박함과 중요함을 전달할 수 있다.

리더가 맥락적인 정보를 종합하여 해석하는 경우는, 이와 별도로 전달해야 한다. 예를 들어, "본부장님께서 하신 말씀의 요지는, ○○라고 생각한다."처럼 리더의 해석임을 분명히 알려주어야 한다.

● 워크숍을 통한 How Tree 작성

목표에는 팀이 존재하는 한 변함없이 안정적 운영을 책임져야 하는 '본연목표'와 미래의 기회를 포착하고 위험을 회피하기 위한 새로운 '전략목표' 2가지가 있다. 본연목표는 팀원마다 고유의 역할과 긴밀하게 연결되어 있기 때문에, 누가 무엇을 책임질지 명확하다. 반면 전략목표의 경우, 팀 차원에 해당되므로 종종 모호한 경우가 있다.

팀의 전략목표를 달성하기 위한 실행과제를 리더가 혼자 결정하고, 일방향으로 할당해서는 만족스러운 결과를 기대하기 어렵다. 전략목표 달성을 위한 다양한 과제들의 후보를 함께 발굴하고, 효과성과 효율성 측면을 만족할 수 있는 과제를 함께 선정하는 과정이 필요하다.

이때 집단지성 발휘를 위한 워크숍이 필요하다. '누가 담당할지'를 먼저 생각하고 논의한다면, 창의적인 생각을 기대하기 어렵다. 좋은 의견을 내면 낼수록 자신의 일거리만 늘어난다면, 쉽게 의견을 제시하지 않을 것이다. 이를 위해서는 단계를 명확하게 구분하여 진행하는 것이 좋다.

첫 번째 단계에서는 '무엇을 하면 목표달성에 도움이 될까?'에 대한 논의에 집중해야 한다. 가장 효과적이며, 효율적인 방법이 무엇인지를 원점에서 생각하고 다양한 방법을 논의할 수 있어야 한다. 브레인스토밍이나 로직트리 작성을 통해 'How to'에 대한 반복질문으로 구체화할 수 있다.

(그래서 어떻게 하지?)

달성해야 하는
전략 목표

How to?   How to?   How to?

실행과제후보 2 (0)

실행과제후보 4 (0)

실행과제후보 7 (0)

두 번째 단계에서는 '과제 실행의 적임자는 누구인가?'를 결정해야 한다.

리더의 입장에서는 과제의 성공과 팀의 목표달성이 가장 중요한 관심사이지만, 팀원들은 업무량에 대한 형평성에 관심을 두고 있다. 일단 팀원의 전문성과 의욕을 가장 먼저 고려하는 것이 좋다. 가능한 자원 중 희망자에게 과제를 부여하는 것이 바람직하다. 종종 역량이 조금 부족하더라도, 과제를 통한 성장에 관심이 높은 구성원이 있다면 기회를 부여하고 실행과정에 심도 있는 코칭을 지원하는 것도 방법이다. 우수 성과자에게 일이 몰리게 된다면, 업무량 조정을 위한 개입이 필요하다. 신규 과제수행을 위해 기존 과제는 다른 담당자에게 조정해주어야 한다.

● 공정성 확보를 위한 절차 참여 유도

만약 누구도 선뜻 나서지 않는 상황이라면, 팀원들의 업무량을 고려하여 담당자를 선정해야 한다. 업무량의 시간도 고려하지만, 직급과 역할에 따른 기대치가 다르다는 점을 고려해서 난이도 높고 노력이 많이 필요한 과제는 직급이나 보상수준이 높은 팀원에게 배분해야 한다.

팀마다 상황은 다르지만, 직급이 낮다면 '본연과업'의 비중이 매우 높다. 반대로, 직급이 높다면 '전략과업'의 비중이 상대적으로 높다. 왜냐하면, 정해진 일들을 충실히 하는 것은 상대적으로 직무 가치가 낮기 때문이다. 반복적 운영은 숙련도와 직결되지만, 전략적 프로젝트성 과제의 경우 훨씬 더 많은 노력과 전문성을 필요로 하기 때문이다.

이를 위해, 전략과제별 중요도와 시급성, 난이도 등에 대한 평가에 팀원을 참여시킨다. 팀원들이 팀 성과 기여도가 큰 과제가 무엇인지를 명확하게 인지하도록 도울 수 있다.

팀 전략 목표	전략과제	구성원 배분 현황					
		A	B	C	D	E	F
xxx	xxx	●					
	xxx		●				
	xxx			●			
xxx	xxx		◐		●		
	xxx	◐				●	

그리고 팀원들의 과제 배분 현황을 투명하게 공유한다. 이를 통해 누가 어떤 목표를 갖고 있으며, 얼마나 바쁜 상황인지를 상호 인지하도록 도울 수 있다.

구성원들 사이에서 동료들의 압박을 긍정적으로 유도할 수 있는 전략이다. 높은 직급의 팀원들이 자신의 책무를 다하기 위해, 낮은 직급의 팀원들과 성과 기여도가 높은 일을 담당해야 한다는 측면의 부담을 줄 수 있다.

전략을 구체적인 과제로 세분화하고, 담당자를 배정하는 단계에서 리더는 끊임없이 다음 질문에 대한 답을 찾아야 한다.

● 목표를 달성하려면, 무엇을 해야 할까?
● 누가 과제를 성공으로 이끌 적임자인가?

3) 과제추진 계획의 구체성을 높이는 방법

구체적인 목표는 무엇What과 어떻게How 모두를 상세하게 수립해야 한다. 초기의 설계도를 상세하게 구성해야, 성공 가능성이 높다. 모호한 목표는 실패가 확실한 목표가 된다.

● **What, 목표 수준 합의**
팀원은 자신에게 배분된 본연과제와 전략과제의 추진방안을 작성하여, 리더와 논의하는 성과목표 합의 면담을 진행한다. 과제를 목표로 반영하기 위해서는, 성공의 기준에 대한 합의 과정이 반드시 필요하다. 평가자 입장인 리더는 성공 여부를 무엇으로 측정하고, 어떤 수준까지 도달하는 것을 100% 달성으로 인정할지에 대해서 사전에 합의해야 한다.

정량적 측면의 성과측정지표KPI, Key Performance Indicator가 있다면 큰 문제는 없지만, 정성적 측면의 과제들도 적지 않다.

예를 들어, 매월 전략목표 수립의 납기 이외에 '적절성'을 목표로 반영한다면 합의 과정이 반드시 필요하다. 왜냐하면, 적절성이란 정성적 판단이 필요한 사항이기 때문이다. 이를 위해, 준거평정 방법을 사용하면 합의를 이끄는 데 도움이 된다.

번호	측정 분야	세부 체크 포인트	1~10점
1	환경 분석	SWOT, PEST 분석 등을 반영하였는가?	
		장애 요인 분석이 이루어졌는가?	
2	내용의 충실성	전략의 위계에 부합되도록 작성되었는가?	
		작성 내용의 누락이나 중첩된 내용은 없는가?	
3	KPI의 타당성	로직 모델 적용 시 개인 수준 및 관점에서 결과 중심의 지표인가?	
		설정된 KPI의 측정 효용성은 적절한가? (비교 가능성/측정 비용)	
4	목표의 적절성	목표는 도전적으로 설정되었는가?	
		목표 설정의 근거는 명확한가?	
5	추진 계획의 타당성	추진 일정이 논리적으로 정렬되는가?	
		추진 일정의 인과관계는 명확한가?	
		총계	

● **How, 추진계획 코칭**

팀원은 자신이 수행해야 하는 과제를 어떻게 추진할 것인지에 대한 계획을 수립해야 한다. 리더와 초기에 방향성을 합의하게 되면, 추진 과정에 세부적인 의사결정을 사안마다 요청할 필요가 없어진다.

팀원 입장에서는 한 번의 중요한 미팅을 통해서, 연간 계획의 아웃라인을 합의할 수 있어 유용한 시간이 될 수 있다. 팀원 스스로 자신의 과제 성공을 위한 주도성과 책임감을 높일 수 있는 기회이기도 한다.

리더는 목표합의 면담 과정에서, 팀원이 준비한 추진 계획을 꼼꼼히 검토하고 코칭함으로써 구성원의 성장과 성공을 도울 수 있다. 주로 작성 내용에 누락되었거나, 모호한 부분을 짚어 가면서 질문하는 것이 효과적이다. 팀원에게 답을 바로 주면, 속도는 높아지지만 성장과 주도성은 포기해야 한다. 추진 계획 검토 시, 다음의 질문을 참고하기 바란다.

〈과제추진 계획 수립 단계에 적합한 코칭 포인트〉
- 과업을 추진하는 배경과 목표를 명확히 확인했는가?
- 고객과 최종 승인자는 무엇을 가장 중요하게 생각하는가?
- 어떤 결과물을 만들어야 하는지 설명할 수 있는가?
- 추진 계획 중에 ○○은 어떻게 할 계획인가?
- 혹시 추진 과정에 발생할 수 있는 리스는 검토해보았는가?

- 중간보고 일정은 언제인가?

- 이번 과제와 유사한 '○○○ 과제' 결과물을 확인해 보았는가?

- 리더의 도움이 필요한 부분은 무엇인가?

2
명확한
업무 지시
방법

1) BOSS로 명확히 하자

리더의 업무 지시에 대해서 팀원들은 대부분 '예'라고 답변은 하지만, 책상으로 돌아와 추진하려면 '그래서 대체 무얼 하라는 말이지?'라고 고개를 갸우뚱하곤 한다. 이를 'Yes, But Guess 문화'라고 부른다. 왜냐하면, 상사가 어려워서 일단 지시는 받았지만 궁금한 부분에 대해서 자유롭게 질문하지 못했기 때문이다. 우리의 고맥락적 문화에서 종종 일어나며, 상명하복이 익숙한 수직적인 조직문화의 경우 더욱 심하게 나타난다.

일터의 업무적 소통이 실패한 경우, 리더와 팀원 모두가 책임을 나누

어야 하는 '쌍방과실'이다. 형사적으로 책임이 조금 큰 리더가 '가해자'가
될 수 있다.

상대방은 내가 알고 있는 것을 모를 수 있다는 전제를 기반으로 명확
하게 전달해야 한다. 업무를 지시 받는 팀원의 입장에서, Why–What–
How에 대한 내용을 전달해야 한다. 업무 지시의 명확성을 확보하기 위
한 방법으로 BOSSBackground, Objective, Scope, Schedule를 활용하면 누락 없이 전
달할 수 있다.

구분	초점	예시
Background 추진 배경	과제가 발생된 상황, 중요성/긴급성 등 Why	김 선임님, 내일 긴급 경영전략회의가 진행될 예정입니다.
Objective 추진 목표	구체적인 결과물, 과제 성공의 기준	영업실적 현황 자료를 오늘 기준으로 업데이트해야 합니다.
Scope 과제 범위	과제 해결 과정에 요구되는 현황 분석과 해결의 범위	핵심 거래처 10곳에 대해서는, 상반기 추이분석까지 반영해야 합니다.
Schedule 일정	과제 마감 일정	오후 4시까지는 보고해주세요.

2) 상대방 관점을 고려한 효과적 설명 방법

예전 회사에서 지방에 위치한 공장에서 실시할 교육을 위해 전화로 협
의한 적이 있었다. 공장의 운영담당자가 세심하게 준비사항을 보고하고,

빠진 부분이 없는지 체크를 마쳤다. 그런데 당일 교육장에 방문하고 깜짝 놀랐다. 왜냐하면, 나는 토의식 활동을 위한 레이아웃을 생각했는데 넓은 교육장은 스쿨식의 정렬된 모습으로 준비되어 있었기 때문이다.

내 입장에서는 '당연히 토의식'으로 준비했을 거라 가정했는데, 공장 담당자는 환경안전 등의 정기교육과정이 늘 '스쿨식' 형태로 진행되었기 때문에 고민 없이 세팅한 것이었다. 다행히 조금 일찍 도착한 상황이라, 서둘러 레이아웃을 조정해서 진행에는 문제가 없었다.

업무를 지시하는 과정에서 보다 명확하게 챙기지 못한 탓이었다. "~~라고 가정"하고, 그럴 경우 "~~게 될 것"이라고 미루어 짐작하는 추론 때문에 빚어진 소통 오류였다.

대부분 내가 학습하던 방식이나, 나에게 익숙한 방식으로 설명할 가능성이 높다. 업무적 소통의 발신자는 주로 상사인 리더가 된다. 소통 오류의 책임도 그만큼 크다. 팀원이 적극적 소통을 통해서, 모호한 것을 확인하기 위해서 질문하는 것도 필요하다. 그러나 더 중요한 것은 발신자인 리더가 상대방이 쉽게 이해하도록 설명하는 것이 우선이다.

〈효과적 전달을 위한 설명 순서〉
- 큰 것에서 작은 것 (상위개념에서 하위개념, 큰 프로세스에서 하위 프로세스)

- 알고 있는 것에서 모르는 것
- 쉬운 것에서 어려운 것 (단순한 것에서 복잡한 것)
- 먼저 할 것에서 나중에 할 것

3) 리모트 상황에서의 업무적 소통

인터넷을 기반으로 전자상거래가 시작되던 초기의 모습을 기억해보자. 익명의 거래 상대방이 약속한 물건을 받을 수 없거나, 전혀 다른 물건을 받게 되는 경우도 심심치 않게 있었다. 신뢰수준이 낮았을 때의 일이다. 벌써 20여 년이 지난 지금은 집 앞에 놓여 있는 택배상자를 분실하는 경우도 드물뿐더러, 소비자의 수취 확인도 없이 대금 지불이 승인된다.

대면 거래방식에서 전자상거래 방식으로 정착하기까지 적지 않은 시간이 흘렀다. 개인 간의 신뢰수준도 높아졌지만, 사회적인 안전장치가 고도화되면서 신뢰수준을 높인 것으로 볼 수 있다.

코로나 팬데믹은 비대면 업무 확산을 가속시켰다. 사회적 거리두기를 통해 어쩔 수 없는 유일한 선택이 되어버렸다. 공공 측면에서도, 휴대전화를 활용해서 세금납부와 각종 증명서 발급, 민원신청 등이 더욱 확대되었다. 나이 드신 어르신들도 은행과 금융업무를 스마트폰으로 익숙하게 처리하는 경우도 있다. 일터도 환경변화에 적응하기 위해 재택근무와 하이브리드 형태의 근무 방식을 도입했다. 설문조사 결과를 보면, 구성원들의 만족도와 생산성이 높아졌다고 생각하는 경향이 높았다. 반면 관리자들은 상대적으로 낮은 수준인 것으로 나타났다.

대면으로 같은 공간에서 업무적 소통을 하는 경우에도, 소통은 쉽지 않다. 팀원들이 서로 다른 공간과 시간에서 근무하게 되는 상황이라면, 명확하고 신속한 소통을 기대하기 어렵다. 리모트 상황에서의 소통 방식은 기존과 다르기 때문이다. 상대방이 이미 알고 있는 정보의 차이가 클 수 있다. 무엇보다 비언어 메시지를 활용한 '감정 소통'이 가장 어렵다.

〈소통 환경의 차이점〉

대면 소통	리모트 소통
상황적, 관계 중심적	매뉴얼, 프로세스 중심
비언어 메시지의 활용	말과 글의 언어 중심 (비언어 메시지 곤란)
암시적, 직관적	직접적, 명시적
다양한 소통 채널이 가능	제한적 소통 채널 활용

리모트 상황에서 업무를 지시하는 경우, 상대방이 모호하게 생각할 수 있는 여지를 최소화해야 한다. 중요한 경우라면 적어도 화상회의 채널을 사용해야 한다. 그래야 양방향 소통이 가능하다.

리모트 상황에 업무를 지시할 때, 다음 몇 가지는 반드시 점검해야 한다.

- 과업 추진 배경에 관한 정보를 충실하게 설명하였는가?
  주요 이해관계자의 기대와 요구에 대한 정보까지 충실히 설명해줘야 한다.
- 결과물의 기대 수준을 정확한 숫자로 제시했는가?
- 마감 일자, 중간보고 시점, 구성요소, 완성도, 목표 수준 등을 정확하게 알려줘야 한다.
- 결과물의 구체적인 이미지, 프로토타입을 제시하였는가?
- 머릿속의 결과물 이미지를 구체적인 사진, 과거 자료 등의 제시를 통해 명확성을 높여줘야 한다.
- 마감 시간을 정확하게 제시하였는가?
- 오늘 오전, 오후까지 등으로 전달하는 경우 상대방은 점심시간과 퇴근시간을 기준으로 해석할 가능성이 높다. 11시 또는 5시 30분과 같이 정확한 시간을 알려줘야 한다
- 팀원에게 질문 기회를 부여하였는가?
- 수신자 입장에서, 이해가 어렵거나 모호한 부분이 있다면 공식적으로 질문할 수 있는 기회를 제공해야 한다.

3

목표 집중을 위한
소통 방법

1) 팀원의 관심사, 기대와 연결하라

여러분의 경험 중 최선을 다해 일했던 것은 무엇인지 기억을 떠올려보라. 그 이유는 무엇이었는가? 지시한 사람이 큰 보상을 약속했고 그것이 기대되었다면, 외재적 동기에 의한 '동기부여' 된 것이다. 반면, 자신의 책임감과 성취감, 자존감 등 내적동기에 의한 것이라면 동기부여보다는 '동기유발'이 된 것으로 볼 수 있다.

심리학자 브룸Vroom은 '기대이론Expectation Theory'을 통해서 이를 잘 설명한다. 인간은 자신이 열심히 노력하면 목표를 달성할 수 있는지, 그 달성

결과가 보상에 직접적으로 도움이 되는지, 궁극적으로 보상이 자신에게 얼마나 가치가 있는지에 따라서 동기유발의 힘이 달라진다고 했다. 이는 외재적 보상뿐만 아니라, 내재적 의미에 대한 연결까지 명확해야 매력을 느낀다는 점을 의미한다. 다시 말해, 이 일이 내 삶에 어떤 도움이 되는지 확신이 들 때 동기가 커진다. 스스로 인식하기 어려울 때, 이를 알게 해주는 것이 리더의 소통이다.

미국의 전설적인 미식축구 감독 롬바르디의 실화를 바탕으로 제작된 영화 〈애니 기븐 선데이Any Given Sunday〉(1999)의 명장면이 있다. 토니 디마토(알파치노) 감독은 라커룸에서 선수들에게 얼마 남지 않은 경기에 최선을 다하도록 의욕을 높이는 연설을 한다. 젊은 시절 자신의 부족했던 모습을 솔직하게 꺼내 놓으며, 삶에 대한 반성과 후회를 고백한다. 인생과 미식축구가 비슷하다는 점을 설명하며, 팀이 성공하기 위해서는 서로를 위한 희생이 필요함을 강조한다. 선수들은 경기에서 이기는 것을 넘어 각자의 삶에서 성공하기 위해 노력해야 한다는 점에 깊이 공감한다. 이야기를 듣고 있던 선수들의 표정이 서서히 바뀌기 시작하더니, 승리를 위한 목표의식과 열의를 갖고 다시 경기장을 향해 뛰어나간다.

리더는 일을 통해서 얻게 되는 것이 무엇인지를 알려주어야 한다. 팀원 입장에서는 단기적 관점에서 숫자로 측정과 관찰이 가능한 것이 '얻을 수 있는 것의 전부'라고 생각하는 경우가 대부분이기 때문이다. 리더는 팀원들이 놓치고 있는, 장기적 관점에서 얻게 되는 것과 정성적 가치를 포함해서 설명해야 한다. 팀원들이 깊이 공감할 수 있는 메시지의 형식을 갖춘다면, 공감을 통해 참여를 이끌어 낼 수 있다.

업무 배분과 목표 합의 과정에서 팀원들의 관심사와 연결하여 메시지에 반영할 포인트를 몇 가지 소개하면 다음과 같다.

- 과업수행 과정에서 팀원이 누릴 수 있는 자율성은 무엇인가?
- 과업수행 과정에서 팀원의 경력목표에 도움이 되는 경험은 무엇인가?
- 과업수행 결과를 통해 팀원이 배우고 성장할 수 있는 것은 무엇인가?
- 과업수행의 긍정적 평가를 통해 팀원이 얻게 될 것은 무엇인가?

리더가 의미를 부여해서 메시지를 전달하면, 팀원들이 느끼는 일에 대한 가치가 높아진다. 역사적인 리더십의 명장면은 모두 리더가 전달하는 의미 부여 이야기에 주목하고 있다. 어차피 해야 하는 부담스러운 일을 하고 싶은 일들로 바꿀 수 있도록 마법을 부릴 수 있다. 리더의 말뿐이 아니라, 이후에 구체적인 결과를 경험하도록 연결하여 인식을 도와준다면 진정성과 신뢰도 높일 수 있다.

2) 격려와 힘을 실어주는 방법

팀의 중요한 전략과제를 추진하는 프로젝트라면, 시작 단계의 킥오프 미팅은 팀원들을 격려하기에 좋은 기회다. 킥오프 미팅은 프로젝트의 공식적인 시작을 알리는 자리인 만큼 최고경영자 또는 상위자와 주요 이해관계자들이 함께 참석할 수 있도록 시간과 공간을 마련해야 한다.

이때 리더는 참석자들에게 결과물에 대한 기대감을 높이도록 설명하는 것뿐만 아니라, 프로젝트 추진 팀원들의 역량과 각오 등을 구체적으로 소개하면서 칭찬과 지원 약속을 끌어내는 것이 효과적이다.

- 상위자와 이해관계자의 참여와 지원 약속을 얻어내기 위한 메시지도 전달해야 한다. 기업 차원에서 최고경영자 또는 주주들의 가장 큰 관심사라는 점을 강조해도 좋다. 서로 다른 조직의 리더들이지만, 공동의 목표를 위해 협력해야 한다는 부담감을 심어줄 수 있다.

- 사전에 참석한 스폰서들에게 격려와 당부의 말을 요청하는 것도 방법이다.

- 프로젝트 추진조직과 구성원들을 구체적으로 소개할 때 그들의 역량과 성공사례 등을 반영하여 설명한다.

예) "프로젝트 현황 분석과 개발단계의 PL 역할을 하는 박성실 책임입니다. 박 책임은 ○○을 전공하며 해당 분야의 전문성을 가지고 있으며, 최근 성공적으로 마무리했던 A 프로젝트에 중추적인 역할을 수행한 바 있습니다."

● 소개할 기회가 있을 때, 지원 요청에 대한 부담감을 부여하기 위해 형용사로 꼬리표를 붙이는 것도 좋다.

예) "프로젝트의 추진에 필요한 파일럿 테스트를 지원해주실 생산 부분의 ○○○ 상무님과 TFT 운영에 필요한 인력과 예산을 지원해주실 경영지원 부분의 ○○○ 전무님께서 참석해주셨습니다."

3) 면담을 통해 기대치를 전달하는 방법

갤럽Gallup이 발표한 직원 몰입 관련 조사결과에 따르면, 직장인들의 50% 이상이 조직과 상사가 자신에게 기대하는 것을 명확하게 알지 못한다고 답변했다. 평균을 말하는 것이라, 분명 상황에 따라 편차는 존재할 것이다. 그러나 수치가 너무 높다. 많은 사람들이 관행적으로 주어진 일들을 수동적으로 할 가능성이 높다는 점을 말해준다.

리더는 팀원들에게 일터에서 팀원의 역할과 성과 책임을 명확하게 전달해야 한다. 회의와 워크숍을 통해서 다수의 팀원에게 전달하는 것과 별개로 성과 면담을 통해 더욱 명확하게 전달해야 한다.

목표설정 면담은 때로는 불편한 형식으로 생각하는 경우들이 종종 있다. 그러나 리더 입장에서 일터는 성과를 위한 책임을 성실히 수행해야 하는 공적 공간이라는 점을 객관적으로 알려줄 수 있는 효과적인 소통 형식이라는 점을 기억해야 한다. 관계 중심적 소통을 주로 하거나, 단호하게 직접적으로 소통하는 것을 불편하게 생각하는 리더들이라면 더욱 유용하게 활용할 수 있는 기회다.

● 나ㅣ메시지 활용

리더가 기대하는 것을 구체적으로 전달하되, 상대방을 비난하지 않도록 하기 위한 화법으로 나 메시지를 활용하는 것이 효과적이다. 특히 갈등 상황에서 상대에게 부정적 감정을 배제하고 사실을 전달하는 데 유용하다.

> "팀장인 제 입장에서는 ~~해야 한다고 생각합니다."
> "일의 전체 책임을 맡는 제 입장에서는, ~~ 수준이 최소한이라고 생각합니다."
> "저는 ○○님이 ~~정도는 해야 한다고 봅니다."

● 지원 약속 전달하기

팀원 입장에서 기존에 익숙하지 않던 새로운 일을 하게 될 때, 그 상황을 고려한 자원을 제공해 주어야 한다. 학습경험이나 코칭, 인력과 예산 등 지원의 범위는 다양할 수 있다. 기대치를 전달했다면, 수행 과정에 필요한 자원에 대한 지원 요청을 묻고 약속해주어야 한다.

"제가 도와줘야 할 부분은 무엇인가요?"
"언제든지 미리 요청하면, 최대한 지원하겠습니다."

● 의식Ritual 만들기

마치 계약서에 합의하듯, 절차를 만들어도 좋다. 실제 연간 목표에 대한 합의라면, 팀원의 연봉과 성과 책임의 약속을 교환하는 자리로 볼 수 있다. 연봉계약서를 직접 받거나, 목표합의서를 글로 작성하는 경우라면 자필 서명한 서류를 교환하는 절차를 반영해도 좋다. 마무리 단계에서는 팀원의 성공을 기원하고, 몰입을 요청하는 격려의 의미로 악수를 청해도 좋다. 처음은 어색하지만, 목표설정에 대한 책임감과 중요성의 의미를 경험하도록 도와주는 효과적인 방법이다.

과제 추진의 성공과 팀원의 문제해결을 돕기 위한 소통

리더는 팀의 목표달성을 위해 성과관리를 한다. 팀원에게 과제를 배분하고, 최종 결과물에 대한 평가와 피드백을 하는 것으로는 부족하다. 성과를 만들어가는 과제 추진 과정에 대한 관심을 바탕으로, 구체적인 도움을 제공해야 한다.

1

성과관리는
무엇이며,
왜 필요한가

1) 성과관리의 개념

성과는 개인과 조직의 성장 및 목표달성에 도움이 되는 모든 것으로 볼 수 있다. 단기적으로 볼 때는 재무적, 정량적 측면의 가시화된 것을 생각할 수 있다. 하지만 관점을 보다 넓혀 보면 돈으로 계산하기 어려운 비재무적인 것, 숫자로 측정하기 곤란한 정성적인 것과 관련한 성과도 빼놓을 수 없다.

이게 바로 캐플란Kaplan과 노튼Norton이 제시했던 균형성과지표BSC, Balanced Scorecard의 개념이다. 모든 조직의 성과는 구성원의 학습과 성장이 일어나야 프로세스가 향상되고, 고객의 만족도와 시장점유율이 높아지고, 궁극적으로 재무적인 목표를 달성할 수 있다는 인과관계를 설명한다. 그러므로 학습과 성장/프로세스 향상/고객만족/재무적 관점 모두가 중요한 성과로 볼 수 있다. 리더는 과정과 결과 모두를 성과로 볼 수 있어야 한다.

관리란, 원하는 것을 얻기 위한 개입 활동이다. 우리는 평생 동안 삶의 소중한 성과를 얻기 위해 시간과 돈, 건강, 인맥 등 수많은 것들을 관리한다. 누구나 바라는 건강한 몸매, 명문 대학의 진학, 원하는 직장과 직업 그리고 자격증 등을 얻기 위해서 저마다 노력한다.

자기주도학습과 자기주도근무 등 스스로 목표를 설정하고 과정을 관리하는 것이 가장 바람직하다. 그러나 개인적 다짐과 중요성 인식은 시작을 이끄는 동기를 유발할 뿐, 실천 행동을 지속하도록 이끄는 힘이 아니다. 쉽게 말해, 누구라도 '작심삼일'은 가능하지만, 원하는 결과를 만들어 내기까지 지속하는 사람들은 드물다. 소중한 것을 얻고 효과적으로 관리하기 위해서는 누군가의 도움이 필요한 경우가 많다. 해당 분야의 전문가나 상사, 선배 또는 멘토가 될 수 있다.

그럼에도 불구하고, '누군가의 관리를 받는 것'에 대한 저항감이 높다. 왜냐하면 자발적이고 능동적인 선택이 아니라, 누군가가 주체가 되고 나는 수동적 객체가 되어 '일방적 통제와 개입'을 받게 되는 것이 불편하기 때문이다. 본래 인간은 자율성 침해를 고통스럽게 여긴다.

배우 성훈 님은 일상의 이야기를 보여주는 관찰형 예능프로그램 〈나 혼자 산다〉에서, 본인의 다이어트 여정을 소개한 적이 있다. 소위 '입금 전과 입금 후'의 모습을 명확하게 비교했었다. 이때 헬스트레이너 양치승 관장이 등장한다. 그는 혹독하리만큼 성훈 님의 일상을 관리했다. 취침 과 기상 시간, 음식 습관 그리고 운동시간 등 거의 모든 활동에 개입했다. 양치승 관장은 비슷한 다른 예능 프로그램에서도 철저하고 단호했다.

그런데 놀라운 모습이 하나 있다. 매력적인 몸매를 완성하거나, 대회 에서 수상을 한 후 그의 관리를 받은 사람들은 모두 그에게 "고맙다."라고 이야기한다. 실제로는 자신의 비용과 시간, 노력을 부담하며 혹독한 관리 를 받았음에도 불구하고 '기대한 결과를 달성'하게 되면 반응은 긍정적으 로 바뀌게 된다.

성과를 관리한다는 것은 '원하는 것을 이루기 위해 효과적으로 개입'하 는 활동으로 볼 수 있다. 관리가 가능하다는 의미는, 목표달성을 위해 어 떤 자원을 투입하고 적합한 프로세스를 거치면 기대하는 결과를 만들 수 있음을 말한다. 가장 바람직한 것은 스스로 개입하는 '자기주도관리'가 좋다. 그러나 복잡하거나 오랜 시간이 걸리는 상황이라고 한다면 '누군가의 도움을 받는' 진정한 '성과관리'가 필요하다.

2) 관리자에 대한 오해: 관리는 필요조건이고, 리더십은 충분조건이다

많은 사람들이 '관리자는 나쁜 상사'이며, '리더는 좋은 상사'라고 생각하는 경향이 있다. 아마 리더십에 대해서 명확하게 설명하기 위한 비교대조 과정에서 생긴 오해가 아닐까 생각된다. 그래서 '관리'에 대한 개념도 부정적 이미지가 높아졌다.

팀과 조직은 본래 과업 중심의 목표달성을 위해 만들어졌다. 보다 효과적으로 달성하기 위한 과정에서 관계가 중요하다는 점을 강조한 것이지, 관계를 목적으로 만들어진 것이 아님을 기억할 필요가 있다.

흔히 컨트리클럽과 같은 사교집단조차 목적이 명확하다. 회원들의 친밀감과 협력 관계를 증진시키는 것이 목적이다. 모임의 운영진은, 회원들을 효율적으로 관리하기 위해 약속된 프로세스로 일한다. 서로의 경조사와 협업기회를 높이기 위해 보다 효과적인 방법들을 기획하고 실행하기도 한다. 그래야 사교모임도 성장할 수 있고 지속될 수 있기 때문이다. 일반 회원과 달리 운영진은 모두를 위해 헌신하는 '일(과업)'에 더욱 초점을 두는 것이 당연하다. 이를 효율적으로 처리하기 위한 관리는 꼭 필요한

출처: GNU Free Documentation License

과정이다.

관리의 영역은 정해진 일들을 가장 효율적으로 처리하는 데 주목한다. 공리주의 철학자 벤담이 제시한 펜옵티콘은 이를 잘 설명한다. 최소 인원의 간수가 많은 죄수들을 효율적으로 감독하기 위해, 감옥 중앙에 탑을 만들어 지키도록 설계한 것이다. 죄수들의 행동을 감시하고 통제하는 데 매우 효과적인 방법이 되었다.

집단을 가장 효율적으로 통제하고 감시하는 방법으로, 학교와 군대 그리고 병원과 공장 등도 비슷하게 설계했다. 관리하는 주체 입장에서는 가장 효율적인 방법이지만, 관리를 받는 객체 입장에서는 인권과 자율성 등을 심각하게 침해받는 구조였다. 이런 맥락에서 '관리' 하면 '감시와 통제'

라는 인식이 더 굳어졌다.

관리라는 과업 중심의 효율이 왜곡된 방식으로 이해되었기 때문에 관리자는 나쁜 상사라고 인식하게 된 것이기도 하다. 실제 관리자들도, 자신의 역할을 정해진 목표와 방식을 철저하게 준수하도록 계획하고 지휘, 조정 통제하는 것으로 배워왔기 때문이다.

변화환경의 수평적 사회에서 기존의 방식으로는 오해에서 자유로울 수 없다. 성공적인 리더가 되기 위해서는 과업 중심의 관리적 효율은 포기하기 어렵다. 다만, 이를 운영하는 과정에서 팀원들에 대한 존중감과 자율성을 확보해주어야 한다. 현재에만 머물지 말고, 장기적인 관점의 변화 아젠다를 발굴하고 이끌어야 한다.

- 리더십은 조직의 존재 목적의 근거와 목표에 대한 정당성을 제시한다.
  - 미래의 방향성, 변화, Do the right thing에 초점
- 관리는 목표달성을 위해 무엇을 어떻게 할지 실행방법을 만들어 낸다.
  - 현재의 효율성, 안정, Do thing rightly에 초점

리더십과 관리의 관계는 상호보완적이다. 관리가 되지 않고 훌륭한 리더가 될 수 없다. 리더는 관리 과정에서 구성원들의 자발적 추종을 이끌어 내도록 리더십을 발휘해야 한다.

3) 성과관리를 위한 새로운 패러다임

영화 〈친구〉의 담임교사(김광규)는 학생들을 혹독하게 다루었다. 숙제를 하지 않거나, 문제행동이 적발되었을 때 심한 체벌도 서슴지 않았다. 그 시절 어느 학교에나 볼 수 있었던 모습이기도 했다. 학생의 인격권은 무엇인지 몰랐고, 각자 특별한 상황에 대해서 변명할 기회도 허락하지 않았다. 그래서 학생들은 교사를 두려워하고 긴장감에 초조하게 눈치를 살피곤 했다.

일터는 어차피 해야 할 일들을 성실히 이행해야 하는 곳이 맞다. 무서운 선생님의 숙제 검사를 기다리는 학생의 불안한 마음처럼, 리더의 성과관리 과정이 불편하고 두려워서는 안 된다.

성과 창출의 과정에서 구성원의 자율성과 인격권을 존중해줘야 한다. 혹 추진 과정에 장애물이 있다면 해결해주고, 디딤돌을 놓아주는 역할을 수행해야 한다. 평가와 보상이라는 측면에서 접근하기보다는, 팀원의 성장과 조직의 프로세스 향상에 주목하여 목표달성을 도와줘야 한다.

일상에서 빈번한 소통을 할 수 있도록 무형식과 비형식 소통 기회를 확대해야 한다. 팀원과 양방향 소통과 합의 과정을 통해서, 목표달성과 팀원 성장 및 몰입을 모두 달성하도록 새로운 패러다임을 갖추어야 한다.

구분	과거의 관점	새로운 관점
성과관리 목적	평가를 통한 대상자 서열 결정	전략의 효과적 실행과 목표달성 및 팀원 육성 지원
성과의 범주	재무적, 정량적, 단기적 관점	정성적, 중기적, 장기적 관점 확대 (학습과 성장, 내부 프로세스, 고객)
관리의 초점	과거의 결과에 대한 평가의 객관성과 정확성 확보	지속적 추진 과정에서 명확성 확보와 목표달성 지원
리더의 역할	결과에 대한 감독자, 평가자	과제 실행 과정의 조력자 (코치, 멘토, 퍼실리테이터)
팀원의 역할	소극적 실행 (가이드라인, 평가 기준 중시)	적극적 실행 (자율과 책임, 새로운 시도)
소통 방식	일방향/하향식 의사소통 지시, 수명	양방향/개방형 의사소통 면담 및 합의 중시

2

진척도
점검을 위한
소통

1) 관리란, 관심을 갖고 관찰하고, 적절히 개입하는 활동

자가운전자라면 보유한 자동차의 최대 운행 거리를 어느 정도로 계획하고 있는가? 일반적인 경우라면 길어도 15년 정도에 20만 킬로미터를 넘지 못한다. 반면 영업용 자동차인 택시의 경우 보통 60만 킬로미터 정도 운행하고, 장거리를 주행하는 화물트럭의 경우 100만 킬로미터를 넘는 경우가 많다.

이런 큰 차이를 만들어 낸 원인은 무엇일까? 이유는 명확하다. 영업용 차량은 매일, 매주, 매월 정기적으로 차량 상태를 확인하고 소모품을 꾸준히 교체하여 최상의 상태를 유지하도록 평소에 관리했기 때문이다.

일반인의 경우에도 50만 킬로미터 이상 주행한 사례들이 종종 소개된다. 비결은 동일하다. 차에 대한 관심과 애정을 가지고, 꾸준히 정기점검한 것이다. 일반인들은 고장이나 사고가 나야 정비소를 방문하지만, 그들은 미리 예측하고 저렴한 비용으로 조치한다.

자동차의 대시보드는 실시간으로 자동차의 중요한 상태를 시각적으로 알려준다. 배터리의 교체나 안전벨트, 타이어의 공기압 상태, 엔진 성능 등에 대한 정보를 알 수 있다. 평소 관심을 갖고 관찰하면, 어떤 조치가 필요한지를 사전에 예측할 수 있다.

출처: Unsplash.com

오랫동안 건강을 유지하는 사람들의 비결도 동일하다. 그들의 공통점은 평소 균형 잡힌 식습관과 꾸준한 운동 그리고 정기 건강검진을 습관화한 것이었다. 인맥관리, 재무관리, 시간관리, 정보관리 등도 비슷했다.

자신이 관리하고 싶은 소중한 것에 대해 관심을 갖고, 꾸준히 관찰하고, 문제를 예측하고, 사전에 개입하여, 목표 상태를 유지하도록 습관화했다.

성과관리를 성공으로 이끌기 위해서는, 목표 수준과 현재 수준을 측정하고 그 차이를 줄이기 위해 꾸준히 노력해야 한다. 이를 위해 잠시 멈추어 지금까지 걸어왔던 길을 되돌아보고, 앞으로 가야 할 남은 길을 재확인하는 과정을 반복해야 한다.

- 우리 팀의 목표는 ○○이다.
- 현재 ~~까지 왔으며, 총 ○○% 달성했다.
- 목표 대비 (빠르게 / 차질 없이/ 느리게) 진행되는 상태다.
- 남은 일정을 고려하면, 지금 우리는 ~~을 해야 한다.

리더는 팀이 가야 할 목표를 끊임없이 알려주어야 한다. 자신의 일에 매몰된 팀원들은 '열심히 과업을 완수하는 것에 몰입'하다 보면, 방향을 잃어버리는 경우도 있다. '열심히' 일하는 것뿐 아니라, '제대로' 일할 수 있도록 방향성에 대한 정보를 꾸준히 알려줘야 한다.

현재의 수준이 조금 빠르다면, 잠시 쉬며 속도를 줄여도 괜찮다. 반면, 계획 대비 중간 진척도가 느리다면 마감일을 놓치지 않기 위해 자원을 더 투입하거나 보다 효과적인 방법으로 바꾸어야 한다. 그래야 책임을 완수할 수 있다.

리더의 관리 행동은, 팀원에게 팀의 목표와 현재 수준을 정기적으로 알려주는 것이다. 그 차이에 따라, 자원을 재분배하거나 실행전략을 수정하는 등의 다양한 개입을 실시해야 한다.

2) 애자일 성과관리를 위한 CFR 방법

과거 조직의 성과관리 주기는 주로 연간 단위였다. 매년 초에 목표를 설정하고, 1년 동안 실행한 후 연말에 평가를 근거로 보상과 육성 등의 인사관리의 기준으로 활용했다.

최근 디지털 사회로의 급속한 변화 때문에, 연초에 수립했던 전략과 목표를 폐기해야 하는 사례들이 급격히 증가하고 있다. 현장에서는 인사부서의 가이드에 따라 목표는 충실하게 수립했지만, 실제로는 급한 일이나 긴급 과제를 중심으로 일을 처리하기 일쑤였다. 환경이 바뀌면, 전략과 목표가 바뀌는 것은 당연하다.

이를 극복하기 위해서 연간 2회 또는 분기 1회 정도로 목표설정 주기를 보다 자주 마련하는 기업들이 증가했다. 최근에는 상시성과관리제도 방식을 도입해서, 리더와 팀원의 합의 아래 수시로 목표를 수정하고 변경하는 경우도 늘어나고 있다.

애자일 방식으로 민첩하게 일하기

하나의 원을 크게 만들어서 1년에 한 번 돌리던 것에서, 매월 또는 수시로 작은 원을 만들어 더욱 자주 그리고 많이 돌리게 된 셈이다. 덕분에 소통의 빈도도 높이고, 시행착오도 줄일 수 있었다. 이게 바로 애자일Agile 방식과 연결된다.

기존의 일하던 방식은 순차적인 프로세스에 맞추어, 오랜 시간과 노력 끝에 완성도 높은 결과물을 만들어 냈다. 그러나 최근에는 완성도 조금 낮은 베타버전을 빠르게 출시하여, 고객의 반응을 반영하여 완성도를 높이는 애자일 방식을 채택하는 경우가 증가하고 있다. IT산업에서 시작되었지만 이제는 모든 산업에서 보다 민첩하고 유연한 방식으로 일하는 것이 새로운 트렌드가 되었다.

여기에 적합한 업무적 소통 방식이 CFR이다. OKR 방식의 성과관리와 구별하여, 리더와 팀원의 양방향 소통을 통해 '목표달성'과 '팀원의 성장' 모두를 달성하는 목적을 강조하기 위한 개념으로 제시했다. CFR이란, 대화Conversation의 C와 피드백Feedback의 F 그리고 인정Recognition의 R의 앞 글자를 합쳐 만든 용어다. 위계적 구조에서 딱딱한 업무적 소통을 위한 형식에서, 과제 추진 과정에 대한 문제해결과 구성원의 성장과 인정을 위한 목적을 더욱 강조한 것이다.

성공적인 CFR을 진행하기 위해서는 다음의 기본 방향을 유념하기 바란다.

● 전략적 방향에 대한 양방향 소통이 기본 원칙

일방적인 메시지, 성과 점검 등의 자리가 되지 않도록 유의해야 한다. 목표달성을 위한, 다양한 실행과제를 추진하는 과정에 대한 다양한 의견을 주고받는 시간이 되어야 한다. 리더의 관점에서는 결과에 대한 불안감을 제거한다. 구성원의 관점에서는 추진 과정에 대한 인정과 지원을 받을 수 있는 기회가 된다.

● 실시간 진척도에 대해 이야기 나누기

이미 종료된 사안이나 먼 미래의 이야기를 나누어서는 안 된다. 근접하는 상황의 이슈들에 대해서 다뤄야 한다.

● 빈도를 높이기 위해서 간소한 형식으로 다양하게

이미 페이퍼리스 오피스가 구현된 지 오래다. 업무 추진 결과에 대해, 형식을 갖춘 보고서와 결재판은 더 이상 필요 없다. 비공식적 또는 비형식적인 방법으로 긴밀하게 소통하도록 초점을 둔다.

● 팀원의 성취에 대한 인정과 성장을 위한 의미 있는 시간 만들기

과제수행의 목표달성을 위해서 애써온 과정에 대해서, 아낌없이 칭찬하고 구체적으로 인정해 주어야 한다. 당연히 자신의 책무를 다했다고 칭찬에 인색해서는 안 된다. 팀원의 성장과 문제해결에 도움이 되는 피드백도 전달할 수 있어야 한다.

CFR은 리더가 일상적으로 수행하는 1대1 면담과 정기회의라는 형식을 통해서 이루어진다.

3) 정기회의 운영 방법

정기회의는 팀원들이 담당하는 과제에 대해서 리더가 숙제를 검사하는 시간이 아니라, 당초의 계획이 순조롭게 진행되고 있는지를 공유하는 자리로 포지셔닝 해야 한다. 당초 추진 계획과 달리 늦어지거나 장애가 있다면 이를 해결하기 위한 도움을 요청하는 기회로 활용하는 것이 좋다.

팀원은 공식적으로 과제의 성공을 위해 주도적인 계획을 수립하면서, 리더에게 지원을 요청할 수 있는 창구로 활용하는 것이다.

회의를 정례화하면, 리더와 팀원 모두 예측 가능성이 높아진다.

과제를 지시하고 결과물을 기다리는 리더 입장에서는 제대로 추진이 되는지, 성공할 수 있는지에 대한 불안감이 들 수 있다. 팀원 입장에서는 완성도 높은 과제 추진을 위해 많은 노력을 기울였지만, 리더에게 보여줄 수 있는 것이 별로 없는 경우에도 불안하다.

리더 입장에서 예고 없이 중간보고를 요청하면, 미세 관리로 팀원에게 부담을 줄 수 있다는 생각에 주저하게 된다. 반대로 믿고 기다리기에는 납기를 놓칠 수 있다는 걱정도 든다. 그러므로 사전에 중간 점검 일정을 합의하거나 정기회의를 통해서 자연스럽게 현황을 공유할 수 있도록 이끌어야 한다.

주요과제에 대한 진척도를 가시적으로 확인하도록 돕는 칸반보드를 만드는 것도 효과적이다. 팀과 팀원별로 수행할 과제와 진행 상황을 확인할 수 있게 구성한다.

팀원 상호 간에도 업무량에 대한 인식과 계획 대비 진척도의 수준을 확인할 수 있다. 추진 성과가 좋은 경우와 늦어지는 경우 모두를 알 수 있

리더십 4.0 개발 프로젝트 상황판(예시)			
Backlog 필요 과업	In Progress 진행 중	On Hold 중단	Done 완료

	준비	Work-in Process		
		리더십 4.0 '23 10 액션플랜 개발	모듈별 리더십 4.0 프로파일 업그레이드	리더십 역량 개선 완료 및 보고 / 리더십 역량 공유 진단 완료
리더십 교육 콘텐츠 2, 3 / 리더십 교육 콘텐츠 4	리더십 교육 콘텐츠 1 거시 설계 / 리더십 교육 마스터 플랜 수립			리더십 진단 결과 보고서 / 리더십 4.0 개발 전략 보고서

으므로, 팀원들의 평가결과에 대한 예측 가능성을 높이고 수용도를 높이는 도구로 활용할 수도 있다.

정기회의 운영 시 리더가 고려해야 하는 원칙은 다음과 같다.

- 리더의 일방적 지시보다는, 팀원이 주도적으로 담당 과제에 대해서 공유하도록 기회를 제공한다. 리더는 듣고, 모호한 부분에 대해 질문을 통해 개입한다.
- 회의시간의 75% 이상을 팀원이 주도하도록 시간을 할애한다.
- 달성한 성과와 노력에 대해서 칭찬과 인정의 메시지를 전달해야 한다.
- 회의 과정을 통해서 부진 과제에 대한 해결 방안을 강구해야 한다.
- 일상적 반복적 운영과업은 결과지표 중심의 간략한 현황만 공유한다.
- 팀원 일부에게 해당되는 사안이라면, 별도의 미팅을 통해서 논의한다.
- 정기미팅은 팀의 규모와 과업의 특징을 고려하되, 가능하면 매주 1회 실시한다.

- 리모트 상황에서는 실시간 업무 진척도와 결과물을 시스템에 공유한다. 팀원의 보고의무는 없애고, 리더가 보다 적극적으로 직접 확인해야 한다.

3

성과 이슈
개선을 위한
방법

1) 성과 영향 요인에 주목하라

인간의 행동은 개인이 지닌 특성과 주어진 환경의 상호작용으로 이해할 수 있다. 일터와 삶터에서 자신이 바라는 목표달성 과정도 동일하다. 자신이 지닌 경험과 전문성을 바탕으로, 다양한 자원을 활용하여 환경의 어려움을 극복하고 목표를 달성한다.

칼 바인더Carl Binder는 6 Box 모델을 통해 이를 구체적으로 제시했다. 그는 성과 창출의 유효한 행동의 영향 요인으로 6가지를 제시했다. 환경 차원은 '기대와 피드백/인적, 물적자원/공정한 평가와 보상'이며, 개인 차원

환경 차원 (E)		
기대와 피드백 (Expectations & Feedback)	인적/물적 자원 (Tools & Resources)	공정한 평가와 보상 (Consequences & Incentives)
개인 차원 (P)		
스킬과 지식 (Skills & knowledge)	업무 분장 (Selection & Assignment)	동기와 열정 (Motives & Preferences)

은 '스킬과 지식/업무 분장/동기와 열정'이다.

간단히 요약해보면, 리더가 제공하는 환경요소가 팀원의 성과행동을 이끄는 데 중요한 변수가 됨을 알 수 있다. 쉽게 바뀌기 어려운 팀원의 내적특성을 고려해, 적합한 환경을 제공하는 것이 효과적인 전략이 될 수 있다.

리더는 목표달성을 이루어낼 팀원의 가능성에 대한 기대를 전달해야 한다.

목표와 과제를 배분하는 과정에서, 의미를 부여하고 기대를 전달하는 소통이 꼭 필요하다. 목표에 대한 명확한 인식이 시작 단계의 추진력을 결정한다.

리더는 과제 실행 과정에서 팀원의 수행에 대한 피드백을 제공해야 한다.

계획대로 순조로울 경우, 칭찬과 인정의 긍정적 피드백을 제공한다. 반면, 진척도가 낮은 경우에는 개선을 위한 교정적 피드백을 제공한다.

장기간 수행되는 과제의 경우, 방향성과 품질에 대한 피드백은 지속적 몰입을 돕는 데 기여한다.

리더는 명확한 기준을 바탕으로 공정한 평가와 보상을 제공해야 한다.

100% 객관적인 것은 없겠지만, 팀원의 공정성 지각 차원에서 납득할 수 있는 기준과 절차를 투명하게 운영해야 한다. 공정성이 훼손되면, 조직 몰입은 급격히 낮아지게 된다.

리더는 팀원의 과제 수행에 필요한 스킬과 지식을 향상하도록 도와줘야 한다.

과제 수행 프로세스를 충실히 담당하는 데 꼭 필요한 지식과 기술에 대한 교육과 코칭 등 다양한 기회를 제공해 주어야 한다. 독자적으로 완결된 수행이 가능하도록 자원과 기회를 제공해야 한다. 장기적 관점을 갖고 접근해야 한다.

리더는 팀원의 동기와 열정을 높이도록 해야 한다.

모든 인간은 '의욕'이라는 내적 동기에 따라, 성과 수준이 크게 차이가 난다. '더 열심히, 더 잘하고 싶다.'라는 마음이 들도록 의욕을 높이기 위한 효과적인 인정과 보상 방안을 실행해야 한다. 변동 가능성이 가장 높으며, 단기적 노력으로도 효과를 볼 수 있다.

리더는 팀원의 관심과 역량 수준을 고려하여 적합한 역할을 부여해야 한다.

자신에게 맞지 않는 옷을 입고 자연스럽게 지내기 어렵다. 적재적소의 인재관리를 위해서는, 팀원의 역량과 의욕 수준, 업무에 적합한지를 판단해야 한다. 적절한 환경을 제공했음에도 성과 수준이 낮다면, 직무조정이나 이동을 검토해야 한다.

팀원의 성과행동에 도움이 되는 리더의 역할 수행은 대부분 성과관리 소통의 형식인 '1대1'과 '정기회의'를 통해서 가능하다. 성과 수준이 낮은 팀원에 대해서, 원인을 탐색할 때 6가지 영향 요인에 대해 먼저 점검해 볼 수 있다. 또한 일상적인 CFR 운영이 형식을 갖춘 후에 성과 향상에 충실하게 기여할 수 있도록 체크할 수 있는 기준으로 활용해도 좋다.

2) 의지는 있지만 '못 한다'고 판단되는 경우 소통 방법

과제 추진에 대한 열의만으로는 성공적으로 추진이 어렵다. 무엇보다 마감 시한을 맞추기 어렵다. 리더가 추정한 원인이 정말 그런지 확인하는 질문을 통해, 적합한 조치를 취해야 한다.

● **과거에 유사한 과제를 수행한 경험이 있는가?**

없었다면 필요한 역량개발 기회나 전문지식을 제공해준다. 매뉴얼이나 기존의 레퍼런스 자료를 공유한다.

● 최근에는 수행 경험이 있는가?

최근의 경험이 있음에도 불구하고 늦어지고 있다면, 업데이트가 필요한 요소가 무엇인지를 알려주어야 한다

● 진척도와 품질 수준에 문제가 있다는 사실을 인지했는가?

팀원이 인식하지 못했다면, 이를 구체적으로 알려주는 '피드백'을 제공해야 한다. 무엇이 문제이고, 어떤 대안 행동이 필요한지를 알려주어야 한다

● 과업 수행 과정에 장애가 있는가?

인원, 예산, 시간, 설비 등의 자원이 부족했다면 지원 가능한 범위에 대해서 알려줘야 한다. 추진 과정에서 이해관계자의 관리와 유효한 정보 확보에 필요한 도움을 제공한다.

3) 전문성이 있지만 '안 한다'고 판단되는 경우 소통 방법

일단 팀원이 '고의적으로 일을 안 하고 있을 것'이라는 생각은 배제해

야 한다. 모든 행동에는 그 이유, 즉 원인이 있다는 점을 염두에 두어야 한다. 그 원인을 파악하고 해결해주면 충분히 잘 할 수 있다는 믿음이 전제되어야 한다.

● 과업의 중요성을 알고 있는가?

과업의 추진 배경이나 목표에 대해서 명확하게 설명해야 한다. 과업의 결과물이 어떤 의미와 가치를 가지는지에 대해서 예시를 들어서 설명한다.

● 비슷한 과업의 실패 경험이 있는가?

과거의 실패 경험을 확인하고, 우려되는 부분에 대한 지원을 약속한다. 과제 추진의 일부 단계를 함께 진행하며 도움을 제공한다.

● 공정한 평가와 보상을 받지 못한 경험이 있는가?

평가 기준을 알려주고, 약속한 보상과 인정을 제공할 것임을 약속한다. 성과 수준이 낮거나, 문제행동을 보이는 팀원들은 단호하게 조치할 것임을 알려준다.

● 과업 수행 과정에 장애가 있는가?

장애 요인에 적합한 도움을 제공한다.

4) 대안 발굴을 위한 질문 방법

과제 추진 과정의 장애나 어려움을 극복하기 위해, 리더가 직접 답을 주는 것은 지양해야 한다. 설령 모범답안에 가까운 방법이라 하더라도, 팀원 입장의 수용도가 중요하다. 무엇보다 이후에 비슷한 상황을 다시 직면하게 될 때, 동일한 문제에 봉착할 수 있기 때문이다. 그러므로 리더는 팀원 스스로가 대안을 궁리하도록 도와줘야 한다.

가장 효과적인 방법이, 적절한 질문을 통한 코칭이다. 질문은 상대방이 주목하고 생각하도록 돕는다. 이를 위해 효과적인 질문은 다음과 같다.

● **기존에 개선을 위해서 무엇을 해 보았는가?**

실패 또는 중단했던 방법이 있다면, 수정하고 보완하도록 교정한다. 충실히 실행했음에도 불구하고 효과적이지 못했다면, 이를 배제하도록 한다.

● **지금 상황에서는 무엇을 할 수 있는가?**

주어진 환경과 자원을 고려해서, 현실적인 아이디어를 많이 발굴하도록 촉진한다. 이슈 해결에 대한 책임은 누구도 대신해줄 수 없음을 알려주고, 참여를 유도한다.

● 당장 무엇을 시작할 계획인가?

대안의 실천을 촉진하기 위해서, 단계적 추진 활동을 구체화하도록 자극한다. 이후 실천이 필요한 후속 과제에 대한 다짐과 향후 점검을 위한 일정을 합의한다.

8장

평가의
수용도를 높이고,
팀원의 성장을
돕는 소통

성과관리 소통 과정 중 가장 고민스러운 것이 평가에 대한 면담이다. 리더의 전문성이 평가에 있는 것이 아님에도, 팀원들은 높은 수준의 공정성을 기대하고 있기 때문에 쉽게 만족시킬 수 없다.

혹여 객관적이고 엄정한 잣대를 기반으로 평가를 실시한다고 해도, 모두를 만족시킬 수 없다. 현실적으로 그런 시간과 노력을 투입하기 어렵다. 소모적이고 불편한 감정을 유발하는 기존의 평가 관행과 소통을 보다 긍정적인 관점으로 바꿀 필요가 있다. 평가 과정도 의미 있는 가치를 만들어 낼 수 있어야 한다.

1

육성형
평가 방법

1) 평가는 어떤 가치를 만드는가

사람들은 '평가' 하면 승진과 인센티브 등의 보상을 떠올리는 경우가 적지 않다. 또한 '공정성'에 대한 이슈와 '직장생활의 불만'이 생각날 수도 있다. 왜냐하면, 현실에서는 평가 결과를 기준으로 승진과 보상 그리고 육성과 이동 등의 인사관리가 이루어지기 때문이다. 나는 이것이 큰 오해라고 강조하고 싶다.

대부분의 조직에서는 가장 희소한 자원인 임금과 인센티브를 구성원에게 배분할 때, 성과 공헌도를 기준으로 지급하는 방법에 대한 공감이 높다. 그러나 조직의 다양한 기능과 직무의 복잡성 때문에, 성과 공헌도를 정확하게 발라낼 수 없는 것이 현실이다. 그래서 궁리한 끝에, 평가 결과를 기준으로 활용하는 것이었다.

평가란, 조직의 목표달성 여부를 확인하기 위해 실시한다. 평가를 하지 않으면 성공도 실패도 존재하지 않는다. 또한 목표달성 과정의 실행전략과 추진방법에 대한 끊임없는 개선을 위해 평가를 실시한다. 과거의 환경에 적합한 전략과 방법으로 그저 열심히 해서는 기대하는 결과를 만들기 어렵다. 중단할 것과 수정 및 보완 또는 새롭게 시작할 것이 무엇인지를 파악하기 위해 평가는 필요하다. 다시 말해, 조직의 목표달성과 성장을 돕기 위한 것이 평가의 본래 목적이다. 인사관리의 기준으로 활용하는 것은 후순위 목적이다.

경영활동 중에 평가가 가치를 창출하는 부분이 바로 개인과 조직의 성장이다. 올바른 평가는 개인 차원의 역량개발과 조직 차원의 프로세스 향상에 기여한다.

2) 리더는 무엇을 평가하는가

평가의 대상은 결과(What)와 과정(How) 측면이다. 성과 평가는 업적 평

구분	업적 평가 What	역량 평가 How
평가 대상	과제 추진의 최종 결과 (무엇을 달성했는가?)	과제 추진 과정에서 발휘한 행동 (어떻게 달성했는가?)
평가 초점	• 평가 기간 동안의 목표 달성 여부 • 단기적 관점	• 역량 발휘의 기대치 충족 여부 • 장기적 관점
평가 방법	목표 대비 달성한 결과 수준 평가	지식, 스킬, 태도 등의 행동 수준 평가
평가 내용	• 성과의 크기: 목표 대비 달성 수준, 유사 집단 비교 • 성과의 질적 수준: 품질, 오류 등 • 성과의 적시성: 납기, 마일스톤	• 업무 전문성: 복잡성, 난이도 • 업무 수행 자세: 적극성, 개방성 • 업무 수행 절차: 효율성, 명확성

가와 역량 평가를 종합하여 내리는 판단이다. 조직마다 용어와 운영관례
는 조금씩 차이가 있을 수 있다. 결과에 초점을 둔 업적 평가는 성과 기여
도에 따른 보상의 기준으로 적합하다. 그러나 이미 끝나버린 결과에 대해
서 잘했다, 못했다는 식의 논의는 새로운 가치를 만들기 어렵다.

평가의 본래 목적인 성장과 프로세스 향상에 초점을 둔다면, 과정인
역량 평가를 비중 있게 다룰 필요가 있다. 왜냐하면, 비슷하거나 유사한
상황에 반복될 가능성이 높기 때문이다.

인사부서에서 조직 차원의 일정을 관리하는 시점뿐만 아니라, 평소에
도 팀원의 업적과 역량 수준에 대한 관심과 관찰을 지속해야 한다. 리더
는 결과를 판정하는 재판관이 아니라, 팀원이 목표를 달성하고 성장하도
록 추진 과정에 구체적인 도움을 제공하는 코치이자 멘토 역할을 수행해
야 한다.

3) 사정형 평가에서 육성형 평가로의 관점 전환

● 사정형 평가와 육성형 평가

사정형 평가는 평가 대상자를 서열화Ranking하기 위한 목적으로 실시된다. 철저하게 상대적인 비교를 하는 것으로 점수보다 등수가 더 중요하다. 대입수능시험이나 공무원시험이 그 대표적인 예이다. 수많은 경쟁자 중에서 소수의 인원을 선발해야 하기 때문에 어쩔 수 없는 선택이다. 경쟁이 치열해지면서 시험을 통한 변별력을 높이기 위해서 출제문제의 난도가 점점 높아지게 되었다. 현직 교사들 이야기를 들어도, 풀기 어려운 문제들이 적지 않다고 한다. 자격이나 시험을 통과하고, 본래의 수학능력이나 직무수행에 사용하지 않을 내용에 대해서도 '과잉학습'을 하게 만드는 역설을 낳기도 했다.

육성형 평가는 평가 대상자가 본래의 목표수준 대비 어느 정도까지 도달했는지를 측정하기 위해 실시한다. 절대평가와 연동하며, 기대치를 충족하면 인원수와 상관없이 높은 점수를 부여할 수 있다. 등수와는 상관없다. 국가자격시험의 대부분이 과락 점수를 넘으면, 평균 60점 이상자를 필기시험의 합격자로 선정한다. 선발인원을 정하지 않고, 필요한 역량 수준을 갖추었다고 판단되면 얼마든지 자격을 부여한다. 반면, 시험의 난이도가 높은 경우 다수의 과락자로 시험에 탈락하는 경우도 발생한다. 평가자는 꼭 필요한 사항을 제대로 인지하고, 수행할 수 있는지를 중심으로

평가한다. 시험 이후 실제 현실에서 활용 가능한 지식과 스킬에 초점을
둔다.

● 절대평가, 육성형 평가로의 전환 확대

최근 글로벌 기업들도 절대평가 방식으로 평가제도를 바꾸고 있다. 애
플의 스티브 잡스 이전, 경영의 교과서는 GE의 잭 웰치였다. GE는 엄정
한 '상대평가' 방식을 운영한 것으로 유명했다. 구성원의 보상과 승진을
결정 짓기 위해 인재 리뷰미팅Talent Review을 실시하여, 가장 낮은 수준의
구성원들을 퇴출시켰다. 구성원들에게 긴장감을 조성해서 더욱 몰입하
게 만든다는 소위 '메기 이론'에 근거한 것이다. 당시 세계 최고의 경영 실
적을 내던 GE의 성과관리 방식인 만큼, '우수한 방법일 것이라는 기본 가
정'에 많은 기업들이 벤치마킹하며 세계적으로 확산되었다.

이러한 배경에는 일터에서 구성원의 직무몰입 영향요소 중 '보상Reward'
을 최고라고 간주했기 때문이었다. 한정된 보상자원을 향해 구성원들끼
리 경쟁하는 것이 가장 효과적인 전략이라고 설정한 것이다.

그러나 '상대평가'의 문제는 동료를 적으로 인식하게 된다는 점이다.
아무리 실적인 좋은 부서라 해도, '낮은 등급'을 강제로 할당해야 했다. 따
라서 '진정한 협업'이나 '바람직한 조직 시민행동'을 기대하기 어려웠다.
유효한 정보와 자원을 공유하는 데 한계가 존재했다.

이런 문제점을 극복하기 위해 많은 기업들이 성과평가제도를 변경하고 있다. 구체적인 사례로 마이크로소프트를 들 수 있다. 마이크로소프트는 2013년 클라우드와 AI 서비스를 중심으로 조직의 변화를 대대적으로 단행했다. 시티아 나델라 CEO는 마이크로소프트의 문화를 새롭게 하는 것이 자신의 임무라고 천명했다. 이후 조직구조, 인사평가시스템 등 주요 인사시스템을 변경했다. 유연근무, 재택근무, 자유좌석제 등 환경을 바꾸는 작업과 병행했다.

특히 성과 평가의 경우, 강제 등급을 배분하는 서열화 방식에서 '동료와 얼마나 협업을 잘했는지 기여도를 평가'하는 것으로 변경했다. 숫자를 활용한 계량적 평가에서 '서술식' 평가로 변경했다. 나의 업무 성과를 이끈 배경, 동료를 어떻게 도왔는지, 동료의 도움을 어떻게 활용해 더 큰 성과를 냈는지를 기술하도록 했다. 이를 통해 '동료를 적'으로 보고 경쟁하는 관점에서 '파트너'로 인식하고 협업하도록 촉진했다. 비로소 진정한 팀제의 시너지를 발휘하도록 제도가 정비된 셈이다. 실제 마이크로소프트의 실적과 주가는 놀라운 성장세를 이어 나갔다.

이후 실리콘밸리뿐만 아니라 우리나라의 일부 기업에서도 상대평가를 폐지하고 절대평가를 도입하거나 육성형 평가에 초점을 두는 추세다.

일터의 구성원들은 보상뿐 아니라 성장에 대한 관심이 매우 높다. 왜냐하면, 노동시장에서 언제라도 대안을 선택할 수 있는 수단이 되기 때문이다. 쉽게 말해, 자신의 커리어 매력도를 높이는 것에 궁극적으로 도움이 된다고 생각한다.

그러므로 리더는 '평가'를 통해서 팀원들에게 성장에 도움이 되는 가치를 제공할 수 있어야 한다. 기업 전체 평가제도를 바꾸지 못해도, 팀원의 육성과 프로세스 개선에 초점을 두어야 한다. 이미 '지나간 결과물'에 대한 이야기보다, 앞으로 재현 가능한 '추진 과정의 역량' 향상에 초점을 두어야 한다.

4) 경험을 통해 학습하도록 돕는 방법

● 시행착오 경험을 통한 성장

여러분의 커리어를 돌아볼 때, 언제 가장 크게 성장했다고 생각하는가? 이렇게 물었을 때 가장 많이 들었던 답변은 "누구의 도움도 없이, 스스로 낯설고 힘든 일을 처리하는 과정"이었다. 스스로 어려운 과업을 완수했던 '성공 경험'이었다.

그러나 경험이 많다고 해서 누구나 전문가가 될 수 있는 것은 아니다. 경험을 지식과 노하우로 만드는 '성찰Reflection'이 핵심이다. 학습은 명사가 아니라 동사다. 학습이란, 지식과 스킬을 습득하여 생각과 관점이 바뀌고 궁극적으로 행동이 바뀌어 가는 과정을 의미한다. 결국 학습은 변화와 동의어로 볼 수 있다.

공부 잘하는 학생과 못하는 학생의 가장 큰 차이가 무엇이라고 생각하는가? 나는 같은 실수를 반복하는지에 달려 있다고 생각한다. 공부를 못하는 학생들은 수업과 연습문제 풀이, 그리고 시험에서 같은 문제를 똑같이 틀리는 경우들이 적지 않다. 정말 잘하는 학생들은 두꺼운 과목을 간략하게 단권화하는데, 그 핵심은 '오답노트'에 숨어 있다. 누구나 실수는 하기 마련이다. 다만 차이는 같은 실수를 반복하지 않는 것이다.

일터에서도 마찬가지다. 처음부터 자신에게 주어진 일을 완벽하게 처리하기 어렵다. 모든 인간은 시행착오Trial and error를 통해 학습한다.

● 실수를 반복하지 않게 하는 성찰

성찰과 유사한 것이 바둑의 복기復棋다. 알파고에게 1승을 얻어낸 이세돌 바둑기사는 경기 후 심도 있는 복기를 하는 것으로 유명하다. 일반적으로 바둑에서는 경기에서 지게 되면, 복기 과정에서 승자가 패자에게 한 수 가르쳐주곤 한다. 실제 게임에서 두었던 것을 하나하나 다시 돌아보는 것이 복기다. 이때 패자는 승자에게 "그 상황에서 왜 그런 결정을 하셨나요?", "어떻게 해야 두 수 앞서 판세를 예측할 수 있을까요?" 등의 질문을 통해서, 새로운 것을 되새기며 동일한 실수를 반복하지 않을 것을 다짐하게 된다. 실패는 했지만, 성장할 수 있는 소중한 기회로 만드는 셈이다.

이와 비슷한 성찰을 외국의 사례에서도 찾아볼 수 있다. 미국 육군사관학교인 웨스트 포인트의 오랜 전통 중 하나가 After Action Review이다. 흔히 'AAR'이라고 부른다. 최소 2명 이상이 훈련을 하면, 반드시 마무리 단계에서 훈련을 다시 돌아보는 시간을 갖는다. 이것이 그들의 자연스러운 문화다. 다음 번에 동일하거나 유사한 상황을 마주하게 될 때 어떻게 하는 것이 더 좋은 결과를 만들어 낼 수 있을지 함께 대화한다. 이를 효과적으로 돕기 위한 질문 4가지를 벤치마킹할 필요가 있다.

첫째, 우리가 기대했던 것은 무엇입니까?

과제 수행의 최초 목적이나 세부 달성목표를 다시 확인한다. 팀원 모두가 명확하게 인지했는지도 확인한다.

둘째, 실제로 나타난 결과는 무엇입니까?

수행 결과를 확인하거나 측정한다. 당초 기대했던 것과 일치되는지, 아니면 높거나 낮은 결과인지를 공유한다. 객관적 데이터 중심으로 공유해야, 상호 비난이나 질책의 분위기를 예방할 수 있다.

셋째, 결과의 원인은 무엇입니까?

예상과 다른 결과가 나타났을 경우, 그 차이를 만들어낸 원인에 대해서 확인한다. 부정적 결과였다면, 개선을 하기 위한 원인 분석 활동이다. 긍정적 결과였다면, 향후에도 재연 가능하도록 만들기 위한 과정이다.

넷째, 향후 해야 할 일은 무엇입니까?

경험을 통해서 새롭게 느끼고 배운 것을 확인한다. 향후 수정하고 보완하기 위해서 해야 할 조치가 무엇인지를 명확하게 결정한다. 우수사례라면, 확대 적용하기 위해서 무엇을 해야 할지도 결정한다.

리더는 과제 수행 결과에 대한 평가 과정에서 경험을 가치 있는 지식으로 만들기 위해서 '성찰 미팅'을 효과적으로 활용할 수 있다. 역시 효율적 운영을 위해 리더의 퍼실리테이션 스킬은 필수조건이다. 과제 추진 중 중요한 모듈이나 단계가 종료될 때 리뷰 미팅을 정례화하는 것도 방법이다.

예를 들면, 게이트 리뷰Gate Review 미팅 또는 랩업Wrap-up 미팅과 레슨런 Lesson Learned 미팅을 정례화하면 좋다. 자주 하기 위해서는 형식이나 양식을 간소화해야 한다. 핵심은 동일한 실수를 반복하지 않고, 성장하기 위함이 목적이라는 점이다.

정기 미팅을 과제의 진척도를 감독하는 '숙제 검사' 시간에서 '이슈 해

결과 학습 기회'로 전환할 수 있다. 팀원 일부의 경험이지만, 모두에게 공유하게 되면 '경험의 암묵지'를 '팀의 형식지'로 자산화할 수 있다.

2
공정한
평가 방법

매년 방송사의 연말 시상식과 주요 문화예술계의 수상자 발표가 끝나면, '나눠 주기 식' 또는 '쪼개기 상' 등의 기사들을 쉽게 볼 수 있다. 오디션 프로그램의 경우도 비슷하다. 심사평가나 결과에 대해 출연자와 대중의 수용도가 높지 않다. 다양한 매체를 통해 심사위원의 자질과 공정성에 대한 시비가 끊이지 않는다.

사전에 심사기준에 대한 합의가 있었음에도 불구하고, 기준을 적용하는 단계에서 평가자의 주관적 해석이 개입될 수밖에 없기 때문이다. 더욱이 방송사 관계자와 소속사, 그리고 문화예술인과 팬층까지 복잡한 이해관계가 얽혀 있기 때문에 완전히 해결할 수 있는 문제인지 의문스럽다.

무엇보다 평가의 대상이 정확하게 측정할 수 있는 물건이 아니라 사람이 창조해내는 예술이기 때문이다.

일터의 관점에서 생각해보면, 팀원의 성과를 정말 객관적으로 평가할 수 있을까? 최종 결과에 대한 달성 수준은 실적이다. 누가 몇 %를 달성했는지 결과를 '측정Measurement'할 수는 있지만, 평가Evaluation라고 말할 수는 없다. 왜냐하면, 일을 추진하는 과정에 대한 부분이 빠져 있기 때문이다. 올바른 방법으로, 효율적인 절차를 통해 의도한 결과를 창출했는지도 따져봐야 한다.

과정에 대한 측정이 어렵다고 객관적인 결과의 측정값으로 평가할 경우 부작용도 뒤따른다. 흔히 모로 가도 서울만 가면 된다는 결과 중심 사고는 "목적을 위해서는 어떤 수단이라도 정당화될 수 있다."라는 오해를 상식으로 만들 수 있기 때문이다. 과정도 중요한 성과라는 관점이 있어야 최적화된 프로세스를 정립하고 공유해서 팀의 자산으로 만들 수 있다. 평가는 측정값에 대한 주관적 해석을 포함한다.

평가評價의 본래 의미는, 파는 사람과 사는 사람이 함께 평등하게 논의를 통해 '물건과 용역'의 가치를 결정하는 합의 과정으로 볼 수 있다. 철저하게 주관적인 가치는 시장과 타인의 공감을 얻을 수 없다. 다수가 공감하는 가치에 따라, 물건과 용역의 값어치가 결정된다. 모든 평가는 평가자의 주관이 개입될 수 있다. 평가 결과에 대한 수용도는, 평가를 받는 사람들이 '평가 기준과 평가자의 해석'에 얼마나 공감하는지에 따라 달라진다.

1) 공정성은 팀원의 주관적 인식이 결정한다

일터에서 팀원들은 높은 수준의 공정성을 기대한다. 공정성은 '자신이 투입한 노력과 결과'에 대한 것을 '동료와 비교'함으로써 인식한다. 이를 잘 설명해 주는 속담이 "배고픈 것은 참아도, 배 아픈 것은 못 참는다."이다. 불공정하다는 인식이 들면 기존에 투입하던 노력의 양을 줄여, 동료와 비슷한 수준에 맞출 가능성이 높다는 것이다. 결국 팀의 성과 수준이 '하향 평준화'될 수 있다.

공정성은 크게 3가지 차원에서 이해할 수 있다. 애덤스Adams는 분배와 절차에 대한 공정성을 소개하였고, 비에스와 모아그Bies & Moag는 이 과정

분배 공정성	절차 공정성	상호작용 공정성
팀원이 받는 평가의 결과, 보상의 크기, 업무 분배, 인정 등에 대한 공정성 인식의 정도	결과를 결정하기 위해 사용하는 절차, 제도, 방법에 대한 공정성 인식의 정도	리더에게 받는 신뢰, 존중 등 관계에서 지각되는 공정성 인식의 정도
나는 일한 만큼 평가와 인정을 받는 것 같아!	평가 프로세스가 공정하게 이루어지고 있다고 생각해!	우리를 공정하게 신뢰하고 존중하고 있어!
비례적 불평등	투명성, 일관성	균등성

에서 팀원이 느끼는 상호작용에 대한 공정성을 추가하였다.

분배와 상호작용에 대한 공정성은, 본질적으로 팀원들의 주관적 인식에 따라 달라질 수밖에 없다. "남의 떡이 커 보인다."와 "동료를 편애한다."라는 반응은 빈번하게 나타나는 현상이다.

리더는 팀원의 주관적 해석의 영역에 속한 공정성을 아무리 노력해도 만족시킬 수 없다. 왜냐하면, 객관적 기준이 아니므로 서로의 기대치를 정확하게 측정할 수 없기 때문이다. 리더 입장에서 많은 노력과 시간을 투입해도 달성이 어려운 부분이다.

그러나 희망적인 부분이 있다. 절차적 측면의 공정성은, 성과관리 절차를 투명하고 일관되게 운영함으로써 어느 정도는 달성이 가능하다. 팀원들이 중요한 의사결정 절차에 참여할 수 있도록 이끈다면 더욱 높아질 수 있다.

2) 성과관리의 절차적 공정성 확보를 위한 소통 방법

사회적 파급효과가 큰 정책을 결정할 때, 신중한 검토가 필요하다. 왜냐하면, 입장에 따라서 이해충돌 발생으로 인한 갈등과 저항을 유발할 수 있기 때문이다. 기존의 안정적 질서 속에서 누리던 반사적 이익을, 정책 변경으로 인해 얻거나 잃어버릴 수 있기 때문이다.

이를 해결하기 위해 정부는 전문연구기관을 통해서 타당성 검증을 실시하고, 그 결과물을 '녹서Green Paper'로 발간한다. 그리고 다양한 이해관계자와 전문가가 함께 참여한 공청회와 세미나를 개최하여, 양방향 의견을 교환하는 기회도 갖는다. 더러는 설문조사와 인터뷰 등을 통해 시민들의 목소리를 직접 듣기도 한다.

정책효과에 대한 효용이 높다고 판단되면, 일부 범위에 시범 적용을 하거나 계도기간을 설정하여 조금씩 도입한다. 이런 과정을 통해 수정하고 보완하는 등의 철저한 검증을 거쳐, 전면적으로 확대를 결정한다. 매우 복잡하고 까다로운 절차를 오랜 시간 동안 진행하면서 정책을 검증한다. 이처럼 시민들이 참여할 수 있는 절차와 투명한 정보공개를 통해 일정 수준의 공정성을 확보할 수 있다. 그래야 수용도와 참여도가 높기 때문이다.

리더는 성과관리 프로세스별 충실한 설명과 양방향 소통, 공동의사결정 등의 절차를 운영함으로써 공정성을 높일 수 있다. 평가 단계에 와서야 공정성에 신경 쓰는 것으로는 부족하다.

● 목표 수립 및 배분 단계

- 전략과 목표에 대한 충실한 배경 설명을 제공해야 한다.
- 목표달성을 위한 실행과제 도출과 구체화 과정을 팀원들과 함께 진행한다.
- 팀원의 역할 기대치와 업무량 등을 고려하여 업무를 배분하며, 필요시 공동 의사결정을 통해 결정한다.
- 팀원이 작성한 목표설정을 검토하고, 수정 보완하여 합의하는 절차를 진행한다.
- 목표의 달성 기준이 평가의 중요한 기준이 됨을 알려주고, 기대와 격려의 메시지를 전달한다.

● 진척도 점검 단계

- 팀 전체가 모이는 정기회의를 통해 '지연 과제'와 '완료 과제' 등의 현황을 공유한다. 누가 성과 기여도가 높고, 누가 그렇지 않은지 업무 추진 과정 중에 인지하여 평가에 대한 예측 가능성을 높여준다.
- 과제 추진 과정 중에 중요한 관찰 사항은 반드시 기록한다.
- 팀원과 정기적으로 1대1 면담을 실시하여, 인정과 칭찬 등의 구체적인 피드백을 제공한다.

● 평가 피드백 단계

- 실적 데이터와 추진 과정에 대한 자기평가와 사전 면담을 통해서,

평가 해석에 대한 관점 차이를 사전에 줄이도록 한다.

- 팀 차원의 실적 리뷰 과정 등을 통해, 성과 수준에 대한 객관성을 높여준다.
- 평가 결과 피드백 면담을 통해, 결과에 대한 근거와 향후 개선 및 성장에 대한 기대치를 제공한다.

3) 평가의 객관성 확보를 위한 소통 방법

성과관리의 공정성을 높이기 위해서는 절차를 확보하고 객관적으로 평가해야 한다. 완벽한 객관성에 도달하기 어렵지만, 리더 입장에서 최대한 노력을 다할 책무가 있다. 평가는 리더의 권리이자 의무이기도 하다.

● 평가자의 오류 극복 방법

평가는 100% 객관성을 확보하기 어렵다. 모든 인간은 외부 대상을 객관적으로 이해하지 않고, 자신의 관점을 통해서 해석한다. 이것이 인지 오류다. 이와 달리, 조직의 문화적 특성에 따른 '평가 관행 오류'와 개인의 성향과 관련이 깊은 '관대화, 중심화, 엄격화' 오류가 있다.

오류를 극복하기 위해서는 관찰을 바탕으로 기록한 데이터와 사실에 근거하여 평가해야 한다. 평가의 기준이 명확하고 세밀하게 구성되어야

평가 오류	설명
대비 효과	목표나 기대치의 달성도(발휘도)로 평가하지 않고 다른 피평가자와 상대적으로 비교하여 평가하는 오류
최신 효과	가장 최근의 업적/행동 등 작은 결과가 전체 기간 평가에 영향을 주는 오류
첫인상 에러	업무 처리에 첫인상을 보고 전체 평가 판단의 근거로 삼는 오류
후광 효과	중요한 일 하나의 결과가 나머지 다른 목표의 평가 결과를 지배하는 오류
중심화 경향	구성원과의 대립/갈등을 회피하기 위해 대부분의 구성원에게 중간점수를 주는 오류
관대화, 엄격화 편향	실제 성과보다 너무 낮게 또는 높게 평가하는 오류
평가 관행 오류	관행상 승진 임박자에게 높은 평가 등급을 주는 오류

해석의 오류 가능성을 낮출 수 있다. 무엇보다 복수의 평가자가 함께 논의를 통해서 결정하는 절차를 마련하는 것이 효과적이다.

● **평가조정**Calibration **미팅 실시**

사회 문제의 옳고 그름을 판단하도록 권위를 인정받은 기관이 법원이다. 안타깝지만, 모든 판결이 공정하고 객관적이라고 말하기 어렵다. 매우 복잡하고 까다로운 송사의 경우, 대법원이나 헌법재판소에서 판단을 내린다. 동일한 사안에 대해서 법관들의 판단이 다른 경우도 적지 않다. 그래서 최종 의사결정은 다수결에 의한다. 다시 말해, 절대 진리가 아니라 절차와 합의의 산물로 볼 수 있다.

평가조정 미팅은 평가자들이 함께 모여, 논의를 통해서 최종 평가 결과를 합의하는 자리이다. 평가자의 오류를 극복하기 위한 효과적인 방법이다. 실제로는 평가 결과에 대한 상대적 등급 배분을 위해 실시하는 경우들이 많다. 대부분의 조직이 절대평가를 도입해도, 최종 등급은 상대적 비율을 적용해서 부여하기 때문이다.

팀의 규모가 크다면, 하위 그룹이나 파트의 리더들과 함께 팀원들의 평가 결과를 합의해야 한다. 중간 리더들 모두 자신의 팀원에게 좋은 등급을 부여하고 싶어 한다. 이를 위해서는 팀 내 평가자 모두의 공감을 바탕으로 합의를 얻어내야 한다. 앞서 학습했던 논리적 주장을 위한 프렙과 반론 제시를 위한 3F 화법을 활용하면 효과적이다.

높은 등급을 주거나 낮은 등급을 주어야 하는 경우 회의에 참석한 평가자들을 논리적으로 설득해야 한다. 주장에 대한 구체적인 사례도 제시해야 한다. 의견이 다른 참석자들도, 반대의견을 전달하기 위해서는 상반된 증거도 함께 제시해야 한다.

미팅을 주관하는 리더는 평가조정 미팅의 퍼실리테이션을 담당해야 한다. 중립적 관점에서, 다양한 의견을 교환하고 합의를 이끌어야 한다.

● 성과 이슈에 대한 기록 방법

팀원의 업무 수행 과정에서 관찰된 구체적 행동을 기록한다. 모든 내용을 기록할 필요는 없으며, 업무 관련 이해관계자의 중요한 피드백은 빠짐없이 반영한다. 예를 들어, 고객이나 상위 리더의 칭찬과 개선에 대한 의견은 평가 시 매우 중요한 자료로 활용할 수 있다.

업무 방식과 태도 측면에서 기대되는 역량 수준을 충족하고 있는지를 수준에 따라 평가한다. 예를 들어, 기대치 초과/만족/미흡처럼 3단계로 나누어 평가할 수 있다. 특히 기대 수준을 초과하거나 미흡한 경우, 구체적인 근거를 포함하여 기록한다. 역량과 태도 측면의 개선을 요청한 피드백 포인트에 대해서 기록하고, 이후 변화에 대한 내용도 업데이트한다.

팀원의 정기 1대1 미팅 시에 기록하는 것도 효과적이다. 까다로운 팀원의 경우, 충실히 작성하면 평가 면담 시 객관성 확보에 유용하게 활용할 수 있다.

● 팀원들의 참여를 통한 평가 방법
팀원들 모두가 평가에 참여하도록 기회를 마련하는 것도 방법이다. 최근 일부 기업에서는 '협업지수'를 평가하거나, '협업수준'을 평가하는 경우들도 증가하고 있다.

철저하게 분업으로 독립적으로 일하는 조직은 팀으로 보기 어렵다. 대부분의 팀은 상호의존적이거나, 적어도 업무적 흐름에 영향을 주고받기 마련이다.

평가자 입장에서도 충분히 관찰한 사실이 없는 상황에서 올바른 판단을 내리기 어렵다. 가장 잘 아는 사람은 긴밀하게 빈번히 소통하는 동료다. 협업수준에 대해서 팀원들의 상호평가 결과를 반영할 수 있다. 팀원 다수가 참여한 결과를 반영하면, 보다 객관성을 높일 수 있다. 그리고 평가척도에 대해 사전에 충실히 공유해 주어야 한다.

상호평가를 실시하기 위해서는 우선 조직과 팀 문화를 고려해야 한다. 거부감이 있다면 방법을 조금 달리해야 한다. 리더가 평가할 때, 팀원들의 의견을 듣고 종합적으로 판단하는 방식도 가능하다. 상호평가에 대한 부담은 낮추되, 평가 과정에 의견을 제시할 수 있는 공식적인 절차에 참여시킬 수 있다.

팀워크와 협업수준에 대한 평가지표	
10점	• 탁월한 팀원으로, 팀의 협력을 적극적으로 촉진한다.
9점	• 다른 동료들이 좋아하며, 존경을 표현한다.
8점	• 유능한 팀원으로, 언제나 협력에 기여하며 책임을 기꺼이 나누어진다.
7점	• 다른 동료들과 좋은 관계를 유지한다.
6점	• 동료들과 협업 상황에 원만하게 참여한다.
5점	• 다른 동료들도 '보통 수준의 참여도'라고 생각한다.
4점	• 다른 동료의 요청이 있는 경우에만 협업한다.
3점	• 주로 마지못해 협력에 참여한다.
2점	• 다른 동료들과 함께 일하는 것을 힘들어한다.
1점	• 대부분 협조하지 않는다.

3

평가
피드백
면담 방법

1) 격식을 갖춘 면담 운영 방법

혹시 상견례 경험이 있는가? 나의 경우 삶에서 가장 불편하고 긴장되는 자리였다. 드라마나 주변 경험을 통해 갈등을 유발할 수 있는 자리임을 알았기 때문이다.

당사자의 결혼이지만, 가문의 결합이라는 측면에서 불편한 이야기도 오가게 된다. "우리 딸도 직장생활을 하는 만큼, 신혼집 비밀번호는 공개하지 않도록 했으면 좋겠습니다."라고 신부 어머니가 제안한다. 잠시 후 신랑 어머니도 응수한다. "당연히 그래야죠. 따님도 직장생활을 오래 한

만큼 신혼집을 함께 준비해야 하지 않을까요?" 다시 신부 어머니가 말한다. "그럼요. 저희는 제사를 지내지 않아서, 딸아이가 참여하지 않았으면 하는데요. 어떻게 생각하세요?" 이렇게 대화는 계속된다.

양가의 입장에서 우려되는 잠재 이슈를 명확히 하기 위해서 조율하는 과정이 진행된다. 나름 원만한 합의가 이루어지면, 그제야 음식을 들이도록 안내한다. 서로 테이블 위에 꺼내 놓고 논의하기에 불편한 주제들에 대해서, 직면해서 이야기해야 하기 때문에 '보통 때와 다른 형식과 절차'를 만든 것이다. 상대방도 어느 정도 예측하거나 긴장하기 때문에 짧고 핵심적으로 소통하는 것이 좋다.

국가 간의 정상회담이나 민감한 외교협상을 진행할 때도 마찬가지다. 의전과 형식을 매우 중요한 절차로 간주한다. 왜냐하면, 정말 까다로운 이해관계를 조정하기 위한 자리이기 때문이다.

직장인의 대부분이 평가 결과에 불만이 높다는 조사결과가 매년 발표되고 있다. 평가 결과에 대해 피드백하는 미팅을 기쁘게 생각하는 사람은 많지 않을 것이다. 리더 입장에서 까다롭고 불편한 이야기를 전달해야 하는 상황이라면 '형식'을 갖추는 것이 효과적이다.

● 평가 기간 동안 총 2번 실시

평가 면담은 성과관리 공정성 확보를 위한 소통 절차의 핵심이다. 첫 번째는 팀원의 자기평가 후에 면담을 실시한다. 리더와 팀원의 해석이 얼마나 다른지에 대해 확인하고 조율할 수 있는 기회를 마련해야 한다. 서로의 기대치 차이를 줄일수록 평가 결과에 대한 수용도가 높아진다. 두 번째는 최종 평가 결과 전달을 위한 면담이다. 최종 결과에 대해 평가 근거를 알려주고, 향후 개선과 성장에 대한 피드백을 전달하기 위한 면담이다.

● 면담 일정은 팀원이 편한 시기로 선택 기회를 제공

리더의 편한 시간에 갑자기 면담을 제의하면, 팀원은 불편하고 존중받지 못한다고 생각할 수 있다. 면담 일정을 사전에 공지하고, 적어도 2개 이상의 일정을 제시하여 팀원이 선택할 수 있도록 도와야 한다. 팀원이 자신의 성과를 정리하고, 주장할 부분을 준비하도록 배려해야 한다. 팀원의 예측 가능성을 높여줌으로써, 심리적 안전감을 줄 수 있다.

● 면담 준비는 철저히

팀원이 작성한 자기평가 내용을 미리 살펴보고, 사실과 해석의 차이가 발생하는 부분이 있다면 체크해 두어야 한다. 리더의 판단과 다를 경우 팀원에게 설명할 기회를 주어야 한다. 진척도 관리 과정에서 관찰을 통해 기록했던 자료를 미리 확인하고 논쟁에 대비해야 한다.

● 독립된 공간에서, 30분 이상의 시간 확보

솔직한 생각과 감정을 나눌 수 있도록, 회의실과 같은 독립된 공간에서 진행해야 한다. 팀원의 프라이버시도 존중하고, 자칫 논의 과정이 논쟁으로 바뀔 가능성도 있기 때문이다. 명확한 목적의 면담이지만, 마음을 열기 위한 스몰토크와 차를 나누며 천천히 대화를 시작해야 한다. 면담 일정이 타이트하거나, 면담 후 중요한 미팅이 있는 경우 충실한 진행이 어렵다. 여건이 된다면 1시간 정도를 확보하고, 적어도 30분 정도는 마련해야 한다.

2) 평가 피드백의 구체성을 높이는 방법

평가 면담 또는 평가 피드백에 대한 코멘트를 작성하는 경우, 두루뭉술하게 전달해서는 안 된다. 팀원 입장에서는 충실하고 명확한 피드백을 기대한다. 팀의 규모가 크다면, 직속 상위자인 그룹장이나 파트장이 담당해야 한다. 관찰된 사실을 기반으로 판단하고 피드백해야 구체적이며 수용도도 높아진다.

평가 결과에 대해 판단의 근거는 구체적 사실이라는 점을 다시 한번 강조하고 싶다. 결과뿐만 아니라 과정도 중요한 성과이며 평가의 대상이라는 점을 목표 설정 때부터 전달해야 한다. 만약 그런 메시지를 전달하지 못했다면 차기에는 사전에 알려줘야 한다.

● 업적 평가가 낮은 경우 소통 방법

첫째, 성과의 크기를 언급한다. 구체적인 실적지표를 인용하여 설명할 수 있다.

> 예) "매출 목표의 90%를 달성했군요. 목표에 10% 미달했고, 팀 평균 대비로도 5% 낮은 수준입니다."

둘째, 성과의 질적 수준을 언급한다. 과제 추진 과정에서 관찰된 품질 수준, 장애나 오류 등의 사실을 제시한다.

> 예) "A 과제의 경우, 파일럿 이후에도 3번의 오류가 발생했습니다. 고객과 협업부서장들은 품질에 대한 불만을 공식적으로 전달해왔습니다."

셋째, 성과의 적시성을 언급한다. 당초 약속한 최종 마감 일정뿐 아니라, 중간점검의 마일스톤 타깃의 준수 여부에 대한 사실을 전달한다.

> 예) "계획된 마감일까지 완료는 했지만, 실제 3월 말과 6월 말 분기별 진척도는 한 번도 지키지 못했습니다."

● 역량 평가가 낮은 경우 소통 방법

첫째, 담당 직무의 전문성을 언급한다. 해당 과제 수행 과정에 필요한 지식과 스킬 수준의 충족 여부를 설명한다.

> 예) "B 제안 발표의 경우, PT역량 부족 때문에 다른 팀원에게 부탁해서 진행했었습니다. 그런데 6개월이 지난 후에도 본인이 수행하지 못하고 다른 팀원의 도움을 청해야 했습니다. 준비할 시간이 있었음에도, 역량을 갖추어 수행하지 못했습니다."

둘째, 과제 수행 자세를 언급한다. 업무 지시 상황에서 보였던 태도를 알려준다.

> 예) "팀의 특성상 긴급한 업무들이 자주 발생하는데, 늘 룸이 없다고 방어적 자세를 보였습니다. 지난 C 과제의 경우도 하기 어렵다는 이유로 팀원들과 2번의 미팅 끝에 결국 본인이 하게 되었습니다. 추진 일정도 지연되었고, 불필요한 미팅에 시간을 낭비했습니다."

셋째, 업무 수행 절차를 언급한다. 과제를 추진하는 과정에서 계획수립과 실행과정의 의사소통과 협업의 수준에 대해서 알려준다.

> 예) "D 과제 수행 시 초기 추진 방향을 잘못 수립해서 프로젝트 참여자 대다수가 혼동을 겪어야 했습니다. 일부는 재작업 때문에 며칠 야근을 하기도 했습니다. 초기에 명확한 추진 방향을 수립하고, 이해관계자와 소통하는 역량이 부족했습니다."

객관적 사실을 중심으로 알려주되, 지적에 머무를 경우 '팩트 폭행'을 넘어설 수 없다. 부득이 낮은 등급을 주어야 하는 근거와 개선 행동이 무엇인지 알려주기 위해서는 '구체성'을 갖출 필요가 있다. 문제점과 함께, 개선에 대한 기대치와 대안 행동을 구체적으로 전달할 수 있도록 주의를 기울여야 한다.

● 문제행동의 영향과 대안을 함께 알려주는 피드백 방법

첫째, 팀원의 문제행동을 구체적으로 묘사해준다.

> 예) "지난 9월 15일 A 프로젝트 중간보고를 할 때, 현업의 질문에 대해서 김 대리님이 '그건 저희가 고려할 부분은 아니라고 생각한다.' 라고 단호하게 답변했던 것 기억나요?"

둘째, 문제행동이 가져올 부정적 영향을 알려준다.

> 예) "혹시 참석한 현업 구성원들의 입장에서 생각해 본 적 있나요? 현업에서는 '역시 본사 사람들은 일방적이고 고압적이다.'라고 오해할 수 있습니다. 저도 비슷한 오해를 받은 적이 있었습니다."

셋째, 대안 행동에 대한 명확한 기대치를 전달한다.

> 예) "앞으로 부담스러운 질문에 답변이 곤란한 상황이라고 판단되면, '일단 확인 후 말씀드리겠다.'라고 빠르게 상황을 넘기거나 나에게 설명을 요청해서 부드럽게 넘어가 주었으면 좋겠습니다. 그래 줄 수 있나요?"

3) 까다로운 상황에 대한 소통 방법

상대등급 제도에 따라서, 부득이 강제 배분해야 하는 리더 입장에서 매번 불편하게 마주하는 상황이 면담이다. 특히 평가 결과에 대한 공식적인 이슈를 제기하거나 까다로운 팀원 때문에 고충을 호소하는 리더들이 적지 않다. 전략 실행과 성장이라는 본래의 목적보다 보상 배분에 대한 기준 차원으로 전락하게 될 때 씁쓸하다. 그럼에도 불구하고 나름의 근거를 갖고 소통해야 하는 것이 리더의 부담스러운 역할이다. 혹시 비슷한 상황이라면 소통 전략을 참고하기 바란다.

● 평가 결과에 대해 불만을 제기할 때의 소통 방법

팀원이 평가한 결과를 항목별로 설명하도록 요구한다. 천천히 팀원이 오해하거나 잘못 해석하고 있는 부분을 알려주어야 한다. 무엇보다 팀원 입장에서는 열심히 했다는 것을 강조하지만, 상위 리더와 고객의 관점에서는 '만족스럽지 못하다'는 점을 알려주어야 한다. 평가는 시장의 고객과 상사가 최종 결정한다는 점을 목표 설정 때부터 명확히 설명해야 한다.

● 실적을 100% 달성했다고, 높은 등급을 받아야 한다고 주장하는 경우

자주 발생하는 부분은, 계량적 지표의 실적을 충족했기 때문에 상응하는 평가등급을 받아야 한다는 주장이다. 이때 결과만이 아니라 과정에 대한 부분도 평가요소라는 점을 알려주어야 한다. "달성률은 100%"가 맞지만, 목표의 도전성과 추진 과정의 이슈들을 지적할 수 있다. 추진 과정의 프로세스 효율과 명확성, 협업의 시너지 등은 매우 중요한 성과가 분명하다.

● 프로젝트 등 공동작업의 결과에 대해서 동일한 평가를 기대하는 경우

무임승차를 허락하지 않는다는 메시지를 명확히 주어야 한다. 팀원 스스로 책임을 져야 하는 부분과 공동책임을 구분해야 한다. 예를 들어 전체 과제의 성공에 대한 평가를 50%로 본다면, 팀원이 직접 책임져야 하는 단계의 완성도와 품질 등을 50%로 반영한 결과라는 점을 알려줄 수 있다. 이를 위해서는 목표 설정 때부터 공동책임과 개인의 책임이 무엇인지 명확히 구분하도록 이끌어야 한다.

● 업무상 공통점이 없는 팀원 간의 상대평가 방법

상대평가는 먼저 점수를 정하는 단계와 등수를 정하는 단계로 나눌 수 있다. 서로 다른 목표 수준을 가지고 평가한 결과로 등수를 정하기에는 무리가 있다. 그러므로 목표 설정 단계에서 과제의 분량과 난이도를 고려한 조정작업은 참여를 통해 진행해야 한다.

● 도전적 목표를 설정하여 어려운 난도의 목표를 수행한 팀원이 노력을 했음에도 실적이 나쁜 경우

목표를 높게 잡은 사람이 더 좋은 평가를 받도록 해야 한다. 120을 목표한 사람이 110을 달성한 것과 90을 목표한 사람이 110을 달성할 경우, 전자가 가산점을 받도록 해야 한다. 도전적인 목표를 장려하기 위한 메시지를 분명히 전달해야 한다. 만약 90을 목표한 사람이 가산점을 받는다면 안전한 목표를 선호하는 분위기가 조성될 수 있다.

● 역량 평가와 업적 평가의 차이가 나는 경우

역량은 보유 수준을 평가하는 것이 아니라 발휘한 행동에 초점을 둔다. 그러므로 기본적으로 업적이 좋으면 역량도 높은 것으로 볼 수 있다. 만약 업적과 역량의 등급이 2단계 이상 차이가 난다면 조정할 필요가 있다.

● 초기에 설정한 계획과 다른 활동을 수행하고 성과 목표를 달성한 경우

목표달성의 결과가 팀원의 노력인지 외부의 변수 덕분인지를 확인하기 어렵다. 결과뿐만 아니라 과정도 중요하다는 관점에서, 사전 논의 없이 다른 활동을 했던 이유를 들어보고 판단해야 한다. 팀과 리더가 제시한 올바른 방법이 아닌 경우, 긍정적 평가를 해서는 잘못된 메시지를 줄 수 있다.

● 팀원들이 모두 높은 성과를 창출했지만, 상대평가 방식에 따라 어쩔 수 없이 잘한 팀원에게도 낮은 등급을 주어야 하는 경우의 피드백

공정한 절차 운영을 위해 최선을 다했음을 설명해야 한다. 부득이 어렵다면, 팀 내 비슷한 직급과 연차의 다른 팀원과 비교해서 설명할 수도 있다.

● 업무에 대한 이해도가 낮은 상위 평가자가 부여한 최종 평가 결과를 받아들이기 어려워하는 경우

리더 입장에서 팀원의 성과에 대해서 충분히 어필하였다면 회사의 기대치에 대한 객관적 평가로 받아들일 수밖에 없다. 최종평가는 상위 평가자의 고유 권한임을 설명하고, 누가 봐도 이의 없는 탁월한 성과 창출을 하도록 격려해야 한다.

사회과학은 확률과 통계에 기반한 상관관계에 주목한다. 누군가의 성공사례를 나의 상황에 적용하더라도 동일한 결과를 낼 수 없는 경우가 많다. 예외가 존재하기 마련이다. 왜냐하면, 실행하는 사람도 다르고 적용하는 상황의 조건이 모두 다르기 때문이다.

다시 한번 강조하지만, 평가 결과에 대해 논리적으로 맞고 틀림의 승패 다툼이 되어서는 안 된다. 평가 중에도, 그리고 이후에도 함께 협력해서 일해야 하는 상호의존적 관계임을 유념해야 한다. 이를 위해 충실한 경청과 공감을 이끌어내는 접근이 병행되어야 한다. 과거보다는 미래의 긍정적 방향에 대한 관점을 유지해야 한다.

올바른 평가는 팀원의 성장과 조직의 프로세스 향상에 기여한다. 성과 관리에 대한 팀원의 공정성 지각을 높이기 위해, 리더는 절차적 측면에 최선을 다해야 한다. 목표설정 단계부터 최종 평가 피드백 면담까지, 팀원들이 인식하고 참여할 수 있는 다양한 소통 기회를 제공해야 한다. 종종 까다로운 팀원의 이슈 제기에도 충실히 대응해야 한다.

리더는 단기적 거래 관계에서 주고받는 평가와 피드백이 아닌, 장기적 관점에 협력해야 하는 관계라는 점을 유념해야 한다. 무엇보다 시비 다툼의 논쟁이 아닌, 공감과 합의를 위해 노력해야 한다.

9장

팀원의
성과행동 강화를
위한 소통

리더는 팀의 목표달성을 위해 예산과 시간, 정보 등의 다양한 자원을 효과적으로 할당하기 위해 노력한다. 최고의 전략이자 핵심 자원은 팀원이다. 상호의존적으로 과업을 수행하고 있는 팀의 특성상, 팀원 한 사람 한 사람의 의욕과 역량 수준이 중요하다.

팀원의 의욕 수준은 감성적 측면에 속하며 변동 가능성이 높다. 평소 의욕적인 모습을 보였던 경우도 가끔은 사소한 사건과 상호작용 때문에 침체되기도 한다. 반면 역량 수준은 오랜 시간과 노력이 필요하다. 팀원이 독립적으로 자신의 역할을 완수하기 위해서는, 실제 상황에 적용하고 예외적인 문제까지 해결할 수 있는 다양한 경험이 필요하다.

게다가 높은 수준의 성과를 꾸준히 창출하고, 불편한 상황 속에서도 다양한 사람들과 원만하게 협력하는 역량은 쉽게 바뀌기 어려운 개인의 성격과 관련이 깊다. 팀원의 삶을 지탱해온 성격과 가치관 등 내면의 신념을 바꾸는 것은 기대하기 어렵다.

팀원의 개인적 특징으로 종종 문제행동을 보이는 경우, 리더는 바람직한 행동 실천을 위한 개입을 해야 한다. 팀원의 내적 특질을 바꿀 수는 없지만 팀의 목표달성과 협업 과정에 필요한 성과행동을 증가시킬 수 있다. 이런 의미에서 행동 변화가 아닌 행동 강화Reinforcement라는 표현을 사용했다.

1

저성과자
관리 방법

1) 리더의 고민

초등학교 시절 교실의 풍경을 떠올려보자. 수업시간이 끝나면 선생님은 반장에게 종례시간까지 청소를 깨끗이 마무리할 것을 지시한다. 교실과 유리창 그리고 복도와 화장실까지 청소 구역이 적지 않다. 선생님이 불명확하게 지시하고 자리를 비우면, 반장이 아이들에게 담당구역을 나누어 준다. 아이들은 귓등으로 듣고는 각자의 위치로 이동한다. 교실 풍경은 여전히 어수선하다. 떠드는 아이, 장난치는 아이, 노는 아이까지 해야 할 일인 청소에는 도통 관심이 없어 보인다. 종례시간이 다가올수록 반장의 마음은 더욱 초조해진다. 청소는 마무리해야 하는데, 친구들과 관계를 생각해보면 단호하게 지시하거나 개입하는 것이 불편하다. 그렇다고 혼자서는 도저히 마무리할 수 없는 상황이 분명하다. 결국, 선생님이 오셔서 벌을 한 차례 받고 나서야 마지못해 청소를 마무리하고 귀가한다.

일터의 상황도 비슷하다. 팀원 모두가 목표달성을 위한 과제와 책임을 나누어 노력하고 있지만, 자신에게 맡겨진 역할을 다하지 않는 사례도 발생한다. 리더 입장에서 충분한 자원을 할당했음에도 불구하고 낮은 성과를 보이거나, 업무 추진 과정에 합의된 프로세스를 준수하지 않거나, 동료들과 잦은 갈등을 일으키는 등의 문제행동을 하는 팀원도 있다.

자율과 책임의 원칙에 따라서 팀이 운영되기를 바라지만, 리더의 개입이 필요한 상황이 발생한다. 리더는 지시, 조정, 통제의 공식적 권한을 가지고 있다. 그러나 불편한 개입 행동을 기뻐할 사람은 별로 없다. 종종 방치하거나 조치의 시기가 늦어지는 경우, 다른 팀원들의 몰입도가 낮아지고 불만을 키우는 원인이 된다. 리더 입장에서는 영향력이 훼손될 수 있는 위기로 볼 수 있다.

"그러지 마!"라고 단도직입적으로 강한 메시지를 전달하기에는, 팀원과의 관계가 훼손될 수 있으므로 고민스럽다. 팀 전체의 성공을 위한 좋은 의도가 훼손되지 않도록, 적합한 소통 스킬이 필요하다.

2) 인간행동의 원리 ABC 모형

영화 〈이보다 더 좋을 순 없다〉의 주인공 버델(잭 니콜슨)은 소설가다. 그에게는 아주 독특한 루틴이 있다. 길을 걸을 땐 보도블록의 경계선을 밟지 않도록 주의하며 걷는다. 식사는 매번 동일한 식당의 같은 자리에서 먹는다. 하루는 자신의 지정석이라 생각한 자리에서 다른 손님이 음식을 먹고 있어서 불안해하며 식당 점원에게 화를 낸다. 손을 씻을 때도, 이웃과의 관계에서도 그는 자기만의 괴팍한 원칙을 갖고 있다. 역설적으로 그는 사랑 이야기를 쓰는 작가이면서, 진짜 사랑에 대한 경험이 없었다. 그렇게 세상과 거리를 두었던 버델은 이웃의 강아지를 대신 돌봐주면서 세상에 대한 관점이 변하게 된다. 또한 단골 식당의 점원을 통해 처음으로 사랑에 대한 감정도 느끼게 된다.

사람이 바뀔 수 있다고 생각하는가? 각자의 경험에 따라 '절대로 안 바뀐다.'라고 단호하게 대답하는 사람들이 있다. 그러나 대부분 '어렵지만 변할 수 있다.'고 생각한다. 나 역시 매우 어렵지만 가능하다는 점을 확신하고 있다.

사람은 출생 이후 다양한 자극을 통해 인지 수준과 신체 발달이 이루어진다. 유년기와 청소년기를 거쳐 성인이 되면 신체는 더 이상 자라지 않는다. 반면 인지능력은 한계 없이 성장할 수 있다. 결국 타고난 것Nature

과 자라온 환경Nurture의 복잡한 상호작용을 통해 성인이 된다.

여기서 주목할 것은 기억記憶이다. 성인이 되기까지 다양한 집단 속에서 생존에 유리한 전략은 매우 중요한 기억으로 저장된다. 왜냐하면, 나중에 비슷한 상황에 활용하기 위해서 다. 가족과 또래 집단을 통해 경험했던 사회생활의 성공방정식 중에 학교와 직장 더러는 군대에서 유효하게 검증된 자신의 생존 전략은 '신념'으로 아주 견고한 틀이 된다.

외부의 자극을 이해하고, 행동을 결정하는 기준으로 작용한다. 인지심리학에서는 '배경지식 또는 스키마Schema'라고 부른다. 나이가 들수록 더욱 단단한 결정이 되기 때문에 '결정지능crystallized intelligence'으로 볼 수 있고, 반복된 행동특성이 되므로 '성격'과도 공통되는 영역이 있다. 복잡한 개념과 상관없이, 나는 '고집'이라고 불러도 좋다고 생각한다.

우리말에 '깨닫다'라는 의미가 이를 잘 설명한다. 자신의 견고한 틀을 깨고 깊은 내면에 도달하거나, 더욱 크게 확장되는 '학습 과정'으로 이해할 수 있다. 자신의 '고집스러운 틀'을 깨지 못하면 성장도 변화도 기대할 수 없다.

● 인간행동의 원리를 통한 행동 강화 전략
인간행동은 자극과 반응의 결과로 볼 수 있다. 역사학자 아놀드 토인

비도 인류의 역사를 '도전과 응전의 과정'으로 비유했다. 과학에서도 힘과 에너지 역학을 통해서 작용과 반작용의 원리로 자연현상을 설명한다.

이처럼 모든 행동에는 이유, 동기가 있다. 행동을 유발할 수 있는 자극Antecedents이 있었기 때문에 행동Behavior이 나타난 것으로 볼 수 있다. 동기는 자극의 주체에 따라서 내적동기와 외적동기로 구분할 수 있다. 그리고 목적에 따라서 접근동기와 회피동기로 나눌 수 있다.

누군가의 바람직한 행동 변화를 기대한다면, 효과적인 선행자극을 파악해야 한다. 팀원의 성과행동 또는 문제행동 개선을 위해 바람직한 행동의 중요성을 설명하고 교육하는 방법을 생각할 수 있다. 교통안전과 규칙준수를 위한 표시판과 캠페인 등의 감성적 홍보도 선행자극으로 볼 수 있다. 포상과 인정 등을 제시함으로써 접근동기를 자극하고 행동을 촉진할 수도 있다. 반대로, 징계와 처벌 등의 기준을 알려주며 회피동기를 자극할 수도 있다. 실천 행동의 목적과 상황에 따라 효과적인 전략을 선택할 수 있다. 단기적으로 가장 빠른 방법은 두려움을 조성하는 회피동기이지만, 저항과 불만 그리고 실천의 질적 수준을 고려해 볼 때 접근동기가 바람직하다.

● 선행자극보다 결과에 대한 피드백이 더 중요하다

많은 사람들이 필요성과 중요성은 인지하지만, 바람직한 행동이 지속되지 못하는 경우가 많다. 누구나 시작은 할 수 있지만 지속하는 것은 쉽지 않다.

바람직한 행동을 지속하도록 유도하려면, 긍정적 결과Consequence 피드백이 효과적이다. 결과를 제공하는 것은 또 다른 긍정적 행동의 지속을 유발하는 '자극'으로 기능한다. 예를 들어, 팀을 위한 희생과 공헌에 대해 즉각적인 칭찬과 보상 등의 긍정적 결과를 경험하도록 이끌어야 한다. 문제행동을 중단한 경우도 마찬가지다. 흡연과 과음하는 습관을 중단했을 때, 이를 인정하는 긍정적 결과를 제공한다. 보상Reward뿐만 아니라 사회적 인정Recognition도 효과적으로 활용할 수 있다.

바람직한 행동 강화에 대한 ABC 모델을 제시한 레슬리Leslie W. Braksick 박사는 결과 피드백의 효과성을 높이기 위한 3가지 체크포인트를 강조했다.

첫째, 받는 사람에게 긍정적 의미가 있어야 한다. 일을 잘하는 팀원에게 또 다른 일을 주는 것은 '인정'이 아니라 '숙제'로 받아들일 수 있다.

둘째, 즉시 제공해야 한다. 바람직한 행동 때문이라는 메시지를 명확하게 줘야 한다. 먼 미래의 보상보다는 즉시 제공하는 것이 효과적이다.

셋째, 언제나 예외 없이 제공해야 한다. 여러 이유를 들어 약속한 결과를 주지 않으면 신뢰를 잃게 된다. 리더의 일관된 반응은 한결같음에 대한 신뢰수준을 높여준다.

선행자극(A)을 통해 바람직한 행동(B)을 유도하고, 긍정적인 결과(C)를 경험하도록 이끄는 방법은 매우 효과적이다. 완전한 변화가 아니더라도, 반복Repeat을 통해 기억Remember하도록 강화Reinforcement하는 좋은 습관Routine을 만드는 과정으로 이해할 수 있다.

- ✔ 목표설정 과정에서 팀원의 성장과 성취에 대한 기대감을 높여줘야 한다.
- ✔ 변화 방향을 제시하고, 작은 성공Small Win을 발굴하고 인정해야 한다.
- ✔ 실제로 달성한 결과에 대해서 약속한 인정과 보상을 예외 없이 제공한다.
- ✔ 성과관리 소통의 빈도를 높이고, 상황에 따른 인정과 교정의 피드백을 제공한다.
- ✔ 팀의 규칙 준수와 위반에 대해 약속한 조치를 예외 없이 실행해야 한다.

3) 저성과자 성과 개선 방법

리더의 기대치가 너무 높다면 팀원 중 다수를 저성과자C–Player로 인식할 수 있다. 반면, 기대치가 낮다면 대부분의 팀원이 보통 이상의 성과를 창출하고 있다고 판단할 수 있다. 그러므로 주관적 평가를 보다 객관화하는 과정이 필요하다. 조직별 상황에 따라 충분한 논의를 통한 합의가 꼭 필요하다. 일반적으로 상위 리더와의 논의를 통한 최종 평가 결과가 2년 (또는 2회) 연속 최하위 등급이라면, 저성과자로 분류할 수 있다.

GE는 인재관리 전략을 수립할 때, 현재의 성과뿐만 아니라 미래의 성장 가능성을 고려하여 분류한다. 이때 리더십 다면진단을 통해 9가지 가치와 태도를 평가한다. 목표 중심의 성과로만 판단하지 않는다.

저성과자를 분류할 때 가치와 태도에 대한 관점도 고려할 필요가 있다. 상황에 따라서는 성과가 낮더라도 개선하고 성장할 수 있는 가능성이 있기 때문이다. 그러나 조직이 지향하는 가치와 다른 경우는 심각하게 다뤄야 한다. 부정적 분위기를 만들거나 조직을 파괴시킬 수 있는 썩은 사과가 될 수 있다.

● 원인에 따른 대응 방법
7장에서 이미 학습했던 칼 바인더의 6 Box 모델을 활용하여 원인을 파

조직 차원 원인	대응 방법
명확한 목표 부재	• 부서별 명확한 목표 공유 실시 • 공유된 목표의 객관적 평가 실시
비효율적인 업무 절차	• 팀 업무 프로세스 재검토 • 외부 전문기관 자문, 업무 재정립
과도한 업무량	• 업무 우선 순위 리뷰, 업무 재배분 및 조정 • 인력 확보 또는 낮은 부가가치 업무 폐지
비협조적 분위기	• 조직 문화 진단 및 긍정적 문화 구축 • 협업 촉진 팀빌딩
부서원 간 갈등	• 충돌 원인 파악, 해결을 위한 중재 및 상담 실시 • 해당 팀원의 부서 이동/업무 재분배

악하고 적합한 대응을 해야 한다. 리더가 적합한 환경과 자극을 제공하면 충분히 긍정적 변화가 가능하다는 점을 확신하는 것이 출발점이다. 만약 조직 차원의 원인이라면, 그에 적합한 대응조치도 실행되어야 한다.

● 성과 개선 프로그램Performance Improvement Program 운영 방법

성과 개선 프로그램은 평가 등급이 지속적으로 낮은 팀원에게 역량 기회를 제공한다. 이 과정을 충실히 이행하고 긍정적인 성과를 만들어낼 경우 프로그램을 성공적으로 종료할 수 있다. 그러나 이행 과정과 결과에 문제가 있다면 보다 강력한 인사 조치의 단계로 진행하게 된다.

〈성과 개선 프로그램의 주요 특징〉

- 저성과자를 대상으로 실시
- 90일 이내 단기 계획을 수립하고 실행하는 형태로 운영

- 액션플랜에 대한 계획을 리더와 함께 논의하여 수립
- 매주 또는 매월, 진척도를 함께 리뷰
- 성과 향상 독려 조치 실행(미세 관리)
- 추진 과정의 이슈 해결 지원
- 실행결과에 대한 객관적 평가

성과 개선 프로그램을 운영하는 조직의 경우, 팀원들의 행동 변화를 위한 마지막 기회를 제공하는 것으로 볼 수 있다. 주의할 부분은 퇴출 근거 마련을 위한 비현실적인 미세관리가 아니라, 성공적 역할 수행에 필요한 역량을 개발하는 것이 목적임을 명확히 해야 한다. 이를 위해 리더는 꾸준한 관심을 바탕으로 관찰해야 한다. 구체적으로 트래킹Tracking하고 모니터링하는 점검Follow-Up 활동을 해야 한다. 그래야 적시Right Time에 꼭 필요한 개입을 할 수 있다.

2

까다로운 상황에 필요한
단호한
소통 방법

1) 불편한 메시지의 효과적 전달을 위한 방법

팀원의 문제행동과 낮은 성과 수준에 대해서 감정을 배제하고 최대한 관찰된 사실을 객관적으로 전달하면 어떤 반응을 보일까? 처절한 팩트 폭행이 된다. 의도했던 행동 변화와 달리 팀원의 의욕은 나락으로 떨어지고 어렵게 쌓은 신뢰관계마저 훼손될 가능성이 높다.

대부분의 팀원들은 리더와의 권력거리Power Distance에서 부담감을 느끼기 마련이다. 게다가 급속한 변화환경에서 일상의 불안감이 보편적인 정서가 되었다. 피드백을 듣는 팀원의 합리적 사고를 기대하기 어렵다. 특히 행동 변화를 요구하는 교정적 피드백을 전달하는 상황에서는 스스로를 보호하기 위한 방어기제가 발휘될 수 있다.

그렇다고 팀원의 자아존중감을 고려해 두루뭉술하게 피드백할 수도 없는 노릇이다. 팀의 가치와 약속을 어겼다는 점을 명확하게 알려주고, 바람직한 행동 변화에 대한 기대치를 전달해야 한다.

● 팀원의 준비도를 높이는 방법

리더의 피드백을 자연스러운 업무적 소통 과정으로 인식하게 해야 한다. 이를 위해 성과관리CFR 과정에서 실시하는 1대1 미팅을 활용할 수 있다.

1대1 미팅의 75% 비중을 팀원의 관심사에 대한 논의 시간으로 구성해야 한다. 구체적으로 팀원의 개인적 관심사, 고충 사항, 현재 추진 중인 과제에 대한 현황을 논의하도록 할당한다. 그리고 마지막 아젠다로 '리더의 피드백' 시간을 운영한다.

초기에는 의도적으로 팀원의 긍정적 측면에 초점을 두고 피드백함으로써 긍정의 경험을 제공해야 한다. 1대1을 통한 피드백을 꾸준히 실행하면, 자연스럽게 예측하며 준비하게 된다. 시간이 지나면서 조금씩 교정적 피드백의 비중을 높이도록 한다.

● 팀원의 요청을 기반으로 시작하는 방법

최근 몇 년 사이 대형 의류 매장이나 화장품 판매점의 고객 응대 방식이 달라졌다. 판매 직원들이 방문고객에게 밀착해 지원하던 기존의 방식을 중단했다. 왜냐하면, 손님들이 직원의 과도한 관심과 친절이 부담스럽다는 피드백을 주었기 때문이다.

그래서 고객들이 원하는 제품을 여유 있게 찾도록 방해하지 않고 필요한 경우에만 도움을 요청하도록 매장 곳곳에서 외치는 방식으로 바꾸었다. 기존의 부담감은 없애고 쇼핑의 만족도는 높일 수 있었다.

리더의 피드백도 마찬가지다. 리더가 피드백 제공을 제안하고, 팀원이 '예'라고 승낙하는 형식을 빌려 적극성과 수용성을 높일 수 있다.

> "박 책임님, A 과제 진행과 관련해서 의견을 주고 싶은데 괜찮아요?"
> "김 선임님, 어제 행사와 관련해서 해주고 싶은 말이 있는데 어떤가요?"
> "이 수석님, 아까 실시했던 프로젝트 추진 계획에 대해 코멘트할 사항이 있는데 지금 어때요?"

2) 단호하게 소통하는 방법

리더는 실질적인 사용자로서 공식적인 노무지휘권을 부여받았다. 노동법상으로 리더는 회사의 역할을 대행한다고 볼 수 있다. 그러므로 구성원의 직무 수행과 관련하여 정당한 지시와 명령을 할 수 있다. 물론, 이를 따르지 않을 경우 인사권과 징계권을 추가로 사용할 수도 있다.

예를 들어 업무 추진/보고 지연, 반복적인 실수, 낮은 수준의 업무품질 반복, 상습적인 지각, 잦은 자리 이석 행위(흡연, 잡담, 은행 및 행정업무 처리 등), 개인적인 업무 처리(학교공부, 자녀 과제, 주식투자 등)를 하는 경우 노무지휘권을 발동할 수 있다.

팀원의 행동 변화를 강하게 요구하기 위해 리더가 갖고 있는 공식적 권한을 바탕으로 보상과 압력을 행사할 수 있음을 강조할 수 있다. 팀원 입장에서는 강요로 인식될 가능성도 있지만, 문제 상황을 개선하고 까다로운 직원의 행동을 바꾸는 결과를 얻을 수 있는 소통 방법이다.

- **A = 전달하고 싶은 메시지, 팀원에게 기대하는 행동**
  - 당신이 ~~하길 바랍니다.
  - ~~까지 이것을 해주세요.
  - 반드시 ~~를 해야 합니다.

- 내 기준은 ~~입니다.

● **B = 긍정적 평가 의견**(선호 행동) **제시와 보상을 강조하는 표현**

- 긍정적 평가: 저는 ~~할 때 좋더라고요.

　　　　　　~~할 때 도움이 되었습니다.

　　　　　　~~할 때 기쁩니다.

　　　　　　제가 기대하는 행동은 ~~입니다.

- 보상 제시: ~~한다면, ○○해주겠습니다.

　　　　　　○○ 제공할게요. ○○ 해줄 의사가 있습니다.

● **C = 부정적 평가 의견**(비선호 행동) **제시와 압력을 강조하는 표현**

- 부정적 평가: ~~할 때 실망했습니다.

　　　　　　~~는 도움이 되지 않습니다.

　　　　　　~~할 때 방해가 됩니다.

　　　　　　~~는 부적합합니다.

　　　　　　~~는 불만족스럽습니다.

- 압력 행사: □□를 하지 않으면, ○○를 하겠습니다.

　　　　　　당신이 ○○를 할 수 없다면, □□를 해야 합니다.

A + B	A + C
명확한 행동 변화 요구 + 긍정적 평가 + 보상 제시	명확한 행동 변화 요구 + 부정적 평가 + 압력 강조
저는 김 책임님이 책임지고 완수해 주길 바랍니다. + 최근 A 프로젝트도 만족스러웠습니다. + 이번 B 프로젝트도 성공적으로 마무리되면, 파트 리더로 선임할 의사가 있습니다.	저는 김 책임님이 책임지고 완수해 주길 바랍니다. + 최근 A 프로젝트는 실망스러웠습니다. + 만약 이번에 성공적으로 완수하지 못한다면, 파트 리더에서 해임하겠습니다.

3) 존중하며 행동 변화의 기대치를 전달하는 방법

리더의 피드백은 팀원의 행동에 대한 평가와 판단에 머물러서는 안 된다. 구체적인 기대치까지 명확하게 전달할 수 있어야 한다. 상대방을 존중해야 불필요한 논쟁으로 이어지지 않는다. 심리적으로 안전하다고 느끼기 위해서는 평소 리더의 호흡보다 더 느리게 진행해야 한다.

마음을 열기 위해, '사실 묘사'와 '절대 공감'을 표현하는 시간을 충분히 할당해야 한다. 팀원은 리더에게 '판사' 역할을 기대하기보다 '변호사' 역할을 기대한다. 누구라도 해명과 변명할 기회는 주어져야 한다. 팀원 입장에서 충분히 그럴 수 있음을 공감하는 과정에는, '가치 판단'과 달리 어떤 상황이라도 공감할 수 있음을 전달해야 한다. 그러므로 '절대 공감'이라는 표현을 덧붙였다.

팀원이 마음을 열고 이성적 판단이 가능할 때, 리더의 생각과 감정을 있는 그대로 전달한다. 이때, 나(I) 메시지를 전달하는 화법을 적용하면 더욱 효과적이다.

팀원에게 명확한 행동 개선을 요구하는 만큼, '수동적으로 마지못해 따라 하는 것'이 아니라 '적극적으로 대안 행동을 탐색'하도록 참여를 유도해야 한다. 누구도 해결해 줄 수 없는 '팀원 자신의 문제'라는 인식을 강하게 심어줄 수 있다. 대안에 합의한 후에도 '실행 주체가 팀원'이고 '리더는

대화 단계	대화의 초점	사례
사실 묘사	• 관찰된 문제행동 묘사 • 사람이 아닌, 행동에 초점 • **~~ 했더라고요.**	지난주 보고서 제출 마감을 지키지 않았네요. 이번 달만 비슷한 상황이 3번 반복되었더라고요.
절대 공감	• 상대방의 감정을 이해하고 있음을 구체적으로 표현 • 100% 동의하지 않더라도, 상대방의 입장 공감 필요 • **~~ 그랬군요.**	조사 의뢰를 담당하는 업체의 실수 때문이었군요. 그렇다면 관리가 어려운 상황이었겠네요.
메시지 공유	• 리더의 생각, 감정, 판단 이유 등을 솔직하게 공유 • 타협 불가한 원칙과 기준도 제시 • **그래도! ~~해야 한다.**	그래도 이런 상황에 대해 미리 중간보고를 하지 않은 것은 실수라고 생각합니다. 또는 그래도 미리 대응방안을 논의해서라도 납기는 준수해야 합니다.
참여 유도	• 대안 발굴 과정, 문제해결 과정에 직접 참여하도록 요청 • 질문을 통한 아이디어 촉진 • **어떻게 하면 ~~할 수 있을까요?**	앞으로 같은 일이 반복되지 않게 하려면, 어떻게 하면 좋을까요? 무얼 할 수 있을까요?
책임 확인	• 대안 실행 책임이 팀원임을 강조 • 실천 과정의 지원 약속 • **그럼 저는 무엇을 도와줄까요?**	그럼 저는 무얼 도와주면 될까요? 해결 방안은 언제 확인할 수 있을까요?

도움을 주는 역할'이라는 점을 느끼도록 화법을 활용해야 한다.

4) 변화를 거부하고, 상황이 개선되지 않을 때의 소통 방법

리더의 개입에도 꿈쩍없는 심각한 팀원이 있다면, 누군가의 도움이 필요한 상황으로 이해해야 한다. 먼저 리더 입장에서 최소 6개월 이상, 팀원의 행동 변화와 성과 개선을 위한 노력을 다했는지 점검해 봐야 한다.

● 심각한 문제로 재정의

팀원의 성과와 문제행동에 대한 구체적 사실을 기반으로 명확하게 전달했다면, 1대1 미팅을 통해 함께 확인해야 한다. 성과 수준이 낮거나 태도가 나쁜 문제가 아니라 상사의 정당한 지시에 따르지 않는, '명령 불복종'으로 심각하게 다루어야 한다. 직속 상사와 인사부서의 도움이 필요하다.

> "이 과장님, 이번이 벌써 3번째 과제 보고 일정을 지키지 않았다는 사실 알고 계시지요?"
> "제 도움이 필요한 부분이 있다면 말씀 달라고 했는데, 아무런 반응이 없었습니다."
> "어제 제가 분명히 마지막 기회라고 했는데, 기억나시나요?"

"저는 아무리 생각해도, 저를 무시하는 것으로밖에 생각이 들지 않는데요. 제가 오해한 건가요?"

"제가 오해하지 않도록 설명해 주세요."

"상사의 정당한 노무지휘권을 따르지 않은 명령 불복종에 해당됨을 알려드립니다. 동의하시나요?"

"현재까지의 상황에 대해서 시말서(또는 사유서)를 내일까지 제출해주세요."

"이후의 절차는 본부장님과 상의해서, 인사부서의 기준에 따라 조치할 예정이니 유념하세요."

대화의 내용이 매우 불편하게 느껴질 수 있다. 성과 수준이 높고 단호한 원칙으로 조직을 운영하는 기업의 경우에서는 종종 볼 수 있는 상황이다. 그러나 최근 일터 문화의 바른 변화 속에서 빠른 속도로 증가하고 있다.

● 에스컬레이션 전략 Escalation Strategies

우리나라의 보편적 기업 문화에서는 보기 어렵다. 대부분 까다로운 팀원 때문에 힘들어하는 리더들을 보면, 이미 회사의 '문제직원'으로 널리 알려진 경우가 다수다. 바꾸어 말하자면, 리더의 노력으로 불가능한 상황이라는 점이다. 이때 필요한 전략이 에스컬레이션이다. 상위 리더와 인사팀의 공동 책임을 강조하며, 대안 수립 또는 상황 해결을 위한 도움을 공식적으로 요청하는 것이 가장 효과적 방법이다.

일부 상위 리더는 이슈를 회피할 수도 있다. 동일한 상황을 효과적으로 극복하는 것도 '리더의 역량'이라고 책임을 돌릴 수도 있다. 이때는 '리더 역할 수행의 고충'을 꾸준히 호소해야 한다. 상황을 조정해주지 못하면, 리더 역할을 지속하기 어렵다는 강수를 두는 방법도 고려해야 한다. 상위 리더도 공동 책임에서 자유롭지 못하다는 점을 느끼게 해주어야 한다.

리더의 본질적인 성과 책임을 다하지 못하고, '좋은 사람Good Guy 콤플렉스'에 갇히지 않도록 주의해야 한다. 모두가 공존하기 위해 팀의 공동 목표와 공유가치를 훼손하는 경우, PUSH 방식의 소통을 주저하지 말아야 한다. 그러나 어떤 상황에도 상대방에 대한 존중과 인정을 전달할 수 있는 PULL 방식의 소통은 타협할 수 없는 기본이 되어야 한다.

협업과 시너지의
긍정 경험을 돕는
소통

디지털 세상으로의 급속한 전환과 치열한 경쟁환경 속에서도, 팀은 여전히 가장 훌륭한 생존 전략이다. 인류의 오랜 역사와 인간의 사회성이 이를 증명하고 있다. 그러나 과거보다 훨씬 다양해진 구성원들과 수평적 조직의 특성상 협력과 합의를 이끌어내기가 어려워졌다.

일하는 방식도 달라져서 기존에 유효했던 소통 방식이 제대로 작동하기 어려워졌다. 팀원들이 동일한 시간과 공간을 공유하지 않고, 만나지 않고도 다양한 과제를 수행해야 하는 환경이 되었다. 팀원 상호 간의 밀도 있는 관계도 형성하기 어려워졌다. 관계에 대한 피로감 때문에 '일로 만난 사이'로 적절한 거리두기를 하는 경우도 늘어났다. 물론 자신의 역할을 충실히 감당한다면 그것만으로도 감사한 일이다.

그러나 높은 수준의 성과를 지속적으로 이어가기 위해서는 팀워크와 친밀감을 빼놓을 수 없다. 일상의 자연스러운 소통 과정에서 어떤 경험을 하는지에 따라 '긍정의 기억'을 가질 수 있다. 리더는 팀 차원의 소통 수준을 촉진하는 퍼실리테이터가 되어야 한다.

1

하이브리드 근무 상황에
적합한
소통 방법

1) 일하는 방식의 변화

과거의 지도를 가지고 현재를 여행하기 어렵다. 서울과 수도권의 경우, 터널과 지하도 등 신기술의 발달과 함께 빠르고 안전하게 이동할 수 있는 길이 많아졌다. 모든 전략은 환경에 적합하게 설계되었기 때문에 외부 환경의 변화가 급격하게 이루어지는 경우 유효성이 낮아지기 마련이다.

● 디지털세상으로 전환
디지털세계로 급격히 전환되면서 산업구조의 변화도 가속화되고 있다. 전통적인 노동집약적 직무들도 그 패턴이 단순하고 반복적일 경우, 인공지능과 로봇이 일자리를 대체한 지 오래다. 작은 커피숍도 키오스크를 통해 주문과 결제를 한다. 건물 입구 주차장도 자동화시스템과 앱을 통해 결제 및 출입 관리를 한다.

비즈니스 모델과 가치 창출의 방식, 그리고 고객과의 소통 방식 등 기존에 익숙했던 방식에서 '낯선 방식이 일상'이 되고 있다. 디지털세상으로의 변화는 사람들의 생활양식과 가치관도 끊임없이 바꾸고 있기 때문에 그 끝이 어딘지 알 수 없다.

● 시간과 공간의 한계 극복

글로벌 비즈니스 생태계가 긴밀하게 연결되어 단 1분도 쉬지 않고 끊임없이 사건과 변화를 만들어 낸다. 24시간 잠들지 않는 암호화폐 시장이 전 세계 투자자들의 관심을 모으고 있다. 실시간으로 전쟁이 생중계되며, 화상회의와 이메일로 시간의 한계를 극복하고 있다.

미국 실리콘밸리의 빅테크 기업들은 스마트폰을 통해 지구촌 구성원 전부를 그들의 고객으로 만들었다. 중국을 비롯 전 세계 물건을 배송비 한 푼 들이지 않고 구매할 수도 있다. 정치적 대립과 무관하게, 자신에게 이익이 된다면 누구와도 거래하는 세상이 되었다. 훌륭한 번역시스템은 언어의 장벽도 극복하게 만들고, 품질도 매우 정교해지고 있다. 인종과 인간의 문화적 차이까지 극복하게 되었다.

● 그때는 맞았지만, 지금은 틀리다

변화환경에서 가장 빠르게 움직이는 것은 비즈니스 환경이다. 학교와 공적 영역의 속도는 비교할 수 없다. 왜냐하면, 변화 적응을 통해서 생존하고 새로운 도전을 통해서 기회를 선점하려는 것이 비즈니스 조직의 관심사이기 때문이다. 기존의 방식으로는 비슷한 성과를 만들기 어려울뿐더러, 생존 자체가 불확실해졌다. 기존의 방식을 고수하면서, 운영 효율을 높이는 데 초점을 두어서는 한계가 있다.

새로운 방법을 발굴하면서 혁신적 가치를 만드는 도전과 창의성이 더욱 중요해졌다. 팀원의 자율성을 확대하고, 책임의식을 높일 수 있는 업무 관리와 소통 방식도 필요하다.

이런 방향에서 많은 기업들은 새로운 방법을 도입하고 있다. 직급단계의 축소, 승진 연한 폐지, 애자일방식의 업무 추진, 업무관리 플랫폼 도입, OKR 성과관리, 절대평가의 확대, 사무공간 변화, 리모트워크와 대면 근무를 병행하는 하이브리드 근무제도 도입과 확대 등이 있다.

리더에게 필요한 것은 관점과 상황에 적합한 소통 스킬이다. 이때 '과거의 환경에는 맞았지만, 지금은 틀릴 수 있다.'라는 전제를 인식해야 한다. 과거를 완전히 무시할 수는 없지만, 현재에도 유효한지 검증하는 단계를 거쳐야 한다.

소통 스킬은 기존 대면 상황에서 이루어졌던 업무 추진 과정의 소통 방식이 리모트환경에서도 작동 가능한지를 점검하고 개선해야 한다.

	대면 상황	리모트 상황
업무 지시	• 필요시 업무 담당자를 부른다. • 과업을 지시한다. (아웃풋, 품질 수준, 납기 일자 등) • 지시사항의 이해 여부를 확인한다. (이해되었나요?) • 지원이 필요한 사항에 대해서 확인한다. (어떤 것을 도와줄 필요가 있을까요?)	• 업무 담당자가 항상 대기하고 있지는 않는다. • 과업 추진 배경 정보에 대한 양적/질적 차이가 크다. • 서로 가지고 있는 아웃풋 이미지가 다를 가능성이 더 높다. • 시간에 대한 기준이 크게 다를 수 있다.
중간 점검	• 팀원이 모두 참석한 주간회의에서 전체 팀원이 추진 중인 과업과 현재 이슈를 공유한다. • 팀원이 추진하는 해당 과업의 진행 방법, 경과에 대해 오고 가며 자연스럽게 확인이 가능하다. • 팀원 간의 일정 및 추가로 필요한 자원이나 변동사항에 대한 정보가 자연스럽게 공유되며, 업무 수행 모습의 관찰이 가능하다. (힘든 일이 있나 봐요? 도와줄까요?)	• 정기회의 외에 업무 진행 경과를 직접 파악하기 어렵다. (과도한 간섭이라고 느낄 수 있다.) • 팀원들은 필요한 정보가 있을 때마다 팀장에게 개별적으로 문의하여, 다른 팀원들에게 유사한 답변을 제공하는 팀장의 피로도가 증가한다. • 팀원들이 각자 무슨 일을 하는지 몰라서 필요한 정보를 상호 적시에 공유하지 못하는 등 원활한 협조를 기대하기 어렵다.
결과 피드백	• 결과물 제출과 동시에 피드백을 줄 수 있다. (가벼운 칭찬, 인정) • 과제의 달성 수준에 대한 피드백을 자연스럽게 전달할 수 있다. (잘한 점, 아쉬운 점) • 개선이 필요한 행동을 말한다. (구체적인 상황, 사례를 들어서 설명) • 지속적인 개선, 실천을 당부하고 격려한다.	• 결과물 제출 시각과 피드백 전달 시점의 시간 차가 생긴다. 결과물에 대해 즉각적인 피드백을 줄 수 없다. • 글(메일, 채팅)로 피드백을 전할 경우, 오해의 가능성이 높아진다. • 개선을 요구하는 피드백의 경우, 수용도가 낮아질 수 있다. • 시간 부족으로 간결한 형태의 피드백을 제공하는 경향이 있기 때문에 팀원이 제대로 이해했는지 확인하기 힘들다. • 피드백을 받는 팀원의 정서적 반응을 관찰하기가 어렵다.

2) 저맥락 소통 방법

에드워드 홀Edward Hall은 동양과 서양의 문화적 특징을 비교 관찰해서, 고맥락High context culture과 저맥락Low context culture으로 설명하였다. 동양사회는 전통적으로 농경사회를 중심으로 집단주의 문화를 형성했기 때문에, 구성원들이 서로 공유하는 것들이 많았다. 예를 들어, 언어와 식습관, 가족제도 등의 모습에서 '서로 구체적으로 표현하지 않아도 이미 알고 있을 것'이라는 암묵적인 전제를 갖고, 상세한 설명보다는 표정과 상황으로 메시지를 주고받았다.

최근 저맥락 환경으로의 변화는, 동양의 고맥락적 문화에 속한 나라에서만 사회적 이슈가 되었다. 대표적으로 도쿄와 상하이 그리고 서울 정도에서만 심각한 이슈가 되었다.

이와 대조적으로 서양문화는 유목사회를 중심으로 서로 공유하는 것이 적은 사람들이 만나서 교류하며 발전해왔다. '명확한 소통과 문서를 활용한 계약'이 언어와 인종 그리고 풍습이 다른 사람들이 안전하게 거래하고 효과적으로 협력하는 데 기여했다. 그들은 최대한 주관을 배제하고, 5감을 통해서 관찰과 측정이 가능한 '사실'에 주목했다. 깊은 신뢰관계가 아니어도 공동의 목표를 위해 팀으로 협력하는 기술도 높았다. 서양의 소통 방식을 벤치마킹한다면, 새로운 변화환경에서의 소통 효과성을 높일 수 있다.

● 존중과 배려는 더욱 중요해졌다

저맥락 상황에서는 더욱 불안하고 경계하는 마음을 갖게 된다. 낯선 사람들이 효과적으로 협업하기 위해서, 상호 존중하고 배려하는 모습을 구체적으로 보여주어야 한다. 여기서 핵심 포인트는 상대방이 '존중과 배려'를 느껴야 한다는 점이다. 신뢰 수준과 친밀감이 낮은 상태에서, 높은 시너지를 기대하기 어렵다. 서로를 알아갈 수 있는 기회를 확대해야 하고, 업무적 소통을 시작하기 전에 마음을 여는 과정을 가져야 한다.

● 예측 가능성을 높여야 한다

중요한 소통 주제의 경우, 사전에 대략의 목적과 방향 등의 상황 정보를 전달하는 헤즈업Heads-Up 커뮤니케이션이 효과적이다. 납기와 품질 등의 기대치에 대한 수준을 명확하게 전달함으로써, 상대방이 예측 가능하도록 도와야 한다. 중요한 일정, 목표 수준, 평가 기준 등도 명확하게 공유한다. 그리고 말과 글을 통해서 전달한 메시지의 경우 반드시 약속을 지켜야 한다.

● 상대방은 내가 아는 것을 모를 수 있다는 점을 기억해야 한다

"이 정도는 당연히 알고 있겠지?"라고 가정해서는 안 된다. 질문을 통해서 확인하는 과정이 꼭 필요하다. 서양의 업무 매뉴얼을 보면, '이런 것까지 상세하게 반영할 필요가 있을까?' 하는 느낌이 든다. 하지만 그 정도로 명확하고 구체적으로 설명해야 소통의 목표를 달성할 수 있다. 마치 외국인을 대하듯 충실한 설명이 필요하다.

● 솔직하게 이야기한다

요즘 젊은 세대들은 자신의 생각과 감정을 솔직하게 표현한다. 둘러서 말하지 않고, 대놓고 말하는 데 익숙하다. 기성 세대들은 이를 무례하고 직설적이라고 생각한다. 오랜 집단주의적 문화 속에서 '눈치와 염치'를 중요한 미덕으로 생각했기 때문이다. '이 정도 이야기하면 알아들었겠지.'라는 생각을 경계해야 한다. 특히 문제행동에 대한 피드백을 전달하거나 기대치를 전달할 때 '솔직하게 있는 그대로' 전달해야 한다.

● 사실과 생각, 감정을 구분하되, 사실에 집중한다

저맥락 상황에서는 문서와 계약, 말로 표현한 것에 초점을 두고 소통한다. 상대방의 표정과 감정을 살펴야 하는 수고를 줄이고, 주관적 해석의 오류를 최소화해야 한다. 종종 개인의 주관적 의견과 감정을 전해야 하는 상황이라면, '나। 메시지'를 활용한다.

"제 입장에서는⋯."
"저는 ~~라고 느껴집니다."

● 고맥락적 환경을 조성한다

서양의 경우도 친구와 가족 등 친밀한 관계에서는 동양과 같은 고맥락적 소통을 한다는 점은 주목할 필요가 있다. 서로에 대해 잘 알고 있는 관계이기 때문에, 상세한 설명이나 사실 위주의 간결한 소통을 하지 않아도 된다.

미국의 IT 기업 중 깃랩Gitlab이라는 회사는, 100% 리모트로 근무하는 기업이다. 서로에 대해 모르는 경우 생산성이 높지 않다는 점을 고려해서, 회사에서는 구성원들 사이의 '잡담'과 '소통'을 적극 권장하고 있다. 우수사례로 소개된 팀 중에는 '매일 30분씩 주제를 정해 팀원들과 잡담'하는 시간을 운영하는 경우도 있었다. 팀원들에게 '자신의 관심사와 생각'을 공유함으로써 '자기 노출'을 자연스럽게 할 수 있게 되었고, 서로 '공감대'를 높일 수 있었다. 자연스레 협업 효과와 성과도 높아졌다.

팀원들이 공유하는 부분을 확대할수록, 서로의 차이점은 크게 느껴지지 않는다. 서로를 알아가는 시간은 투자 대비 효과가 매우 높은 활동이 분명하다.

3) 비대면 회의 운영 방법

리더는 1대1과 정기회의를 비대면 상황에서도 효율적으로 운영할 수 있어야 한다. 비대면 방식의 가장 큰 차이점은 대화 중 상대방의 미세한 반응을 실시간으로 확인하기 어렵다는 것이다. 다시 말해 비언어적 정보를 통한 감정 소통이 어렵다.

컨퍼런스콜이나 이메일 또는 채팅으로 회의를 진행하는 경우, 일방적으로 메시지를 전달하게 되거나 중요도와 긴급도 등의 정서를 전달하기 어려운 한계가 있다 그러므로 가능하면 시각과 청각을 동시에 전달할 수 있는 '화상회의' 방식을 선택해야 한다.

리더 입장에서는 누군가의 도움 없이 스스로 화상회의를 개최하거나 참여하게 되는 상황들이 많아졌기 때문에, 필요한 프로그램 사용법과 장애를 처리할 수 있는 스킬도 갖추어야 한다. 무엇보다 팀원들과 효과적 화상회의 운영을 위한 약속을 함께 만들어 공유하는 과정이 필요하다. 중요한 회의에 참석하지 못하는 팀원이 있다면 영상으로 녹화하여 전달하는 것도 좋은 방법이다.

〈화상회의 에티켓〉

Does 이렇게 하라!	Don'ts 이러면 곤란하다!
• 회의 아젠다를 마음 편히 말할 수 있는 독립된 공간을 확보하라! 　- 다른 사람을 신경 쓰지 않고 회의에 온전히 집중할 수 있는 공간 • 시간을 준수하라! 　- 접속은 시작 5분 전까지 완료 • 구체적으로 말하라! 　- "오후 2시 40분까지 보고 바랍니다." • 말의 스피드는 평소보다 조금 천천히 하라! • 다른 사람의 이야기를 기록하라! 　- 말한 사람과 내용을 함께 메모하라. • 듣는 사람의 피드백을 구하라!	• 질문은 말이 끝나고, 또는 채팅으로 하라. • 과도한 움직임을 하지 마라! 　- 얼굴의 움직임이나 몸, 손 사용 주의 　- 화면이 흔들려 산만함을 주고, 잡음이 전달될 수 있다. • 약어나 전문용어 사용을 주의하라! 　- 상대방이 모를 수 있다는 점을 고려하여 사용 시 반드시 확인하거나 부연설명하라. • 카메라를 응시하며 자연스러운 눈맞춤을 하라. 　- 자료나 노트북 화면만 응시하지 마라! • 상대방이 말하는 도중, 마이크를 끄고 별도로 다른 전화나/동료와 대화하지 마라!

2

다양성 유지와 공존을 돕는
그라운드룰
활용 방법

1) 규칙의 중요성

롤링스톤즈는 전 세계에서 가장 오랜 기간 동안 유지되고 있는 록밴드다. 1962년 런던에서 결성된 이후, 기네스북에 오를 만큼 가장 많은 공연 수입을 올렸다. 그들은 매우 다른 성격과 가치관을 가지고 있음에도 불구하고 최고의 팀을 유지해왔다. 60년 이상의 세월 동안 팀을 유지하는 데 어떤 비결이 있었을까?

서로 다른 차이점들이 융합될 때, 탁월한 시너지를 만들어낼 수 있다. 그러나 비슷한 조건의 많은 팀들은 역사 속으로 사라졌다. 서로 각자의

출처: WIKIMEDIA

취향과 셈법에 맞추어 헤어지는 것이 그 세계에는 자연스럽다. 롤링스톤 즈는 '세상에서 가장 위대한 록큰롤 밴드가 되겠다.'라는 원대한 목표를 위해, 서로가 필요한 존재라는 점을 인식하고 있었다. 그리고 잦은 마찰과 갈등을 해결해줄 로니우드라는 훌륭한 중재자가 있었다.

밴드 초기에는 일상과 공연을 모두 같이했었다. 그 때문에 갈등과 어려움은 커졌다. 이후에는 서로의 사생활과 차이를 존중하기 위해서 공연 이외 대부분의 생활은 각자 생활했다. 공동의 목표를 위해 전념해야 할 때에만 모이게 되었다. 평소에는 느슨한 관계를 유지하다가 공연을 위해서는 결집했다.

놀라운 성과와 팀워크를 발휘했던 롤링스톤즈에게는 서로의 다양성을 존중하되 공동의 원대한 목표를 달성하기 위한 규칙이 존재했다. 오랜 세월 공존할 수 있는 비결은 그들만의 규칙을 충실히 지켰기 때문이다.

일터의 모습도 동일하다. 쉽게 바꿀 수 없는 내면의 가치와 성격 등을 인정하면서 협업하기 위해서는 모두를 위한 규칙이 필요하다. 우리 사회에 다양한 법규가 존재하는 것도, 이해 충돌과 갈등을 최소화하고 명확성을 높이기 위함이다. 의사결정과 상황을 해석하는 데 분명한 기준으로 활용할 수 있다.

과거 인간적 관계와 신뢰를 중시했던 문화에서는 신뢰가 형성되지 않은 상태에서 새롭고 다양한 시도를 하기 어려웠다. 현대 시스템은 상대방에 대한 신뢰보다 사회적 시스템인 등기와 공시제도를 신뢰하기 때문에 경제체제가 급속도로 발전할 수 있었다. 상대방을 믿기에는 까다로운 절차와 검증이 필요하지만, 공인된 사회 시스템을 신뢰하는 것은 어렵지 않기 때문이다. 다양성과 차이점은 존중하되, 공존하기 위한 가치와 일하는 방식에 대한 약속이 바로 그라운드룰이다.

2) 어떤 규칙이 필요할까?

팀이 기대하는 성과를 효율적으로 창출하기 위해서는 최적의 프로세스를 갖추어야 한다. 고유의 제품과 서비스를 만드는 업무 프로세스는 오랜 시행착오를 통해 매뉴얼로 최적화될 수 있다. 세분화된 기능이 반복적으로 빈번하게 진행되는 만큼, 절차와 표준양식을 만들어 운영하는 것이 훨씬 효율적이기 때문이다.

이와 마찬가지로, 모든 조직은 목적이나 분야와 상관 없이 존재하는 프로세스가 있다. 2명 이상이 팀을 통해 목표를 달성하는 과정인 만큼 의사소통과 의사결정, 갈등관리와 문제해결 등의 프로세스가 있다. 팀의 성과 수준을 높이기 위해서는 팀원 각자의 역량과 의욕으로는 부족하다. 모두에게 적용 가능한 효율적인 공통프로세스를 갖추어야 한다.

현실에서는 암묵적인 관행 형태로 운영되는 경우들이 많다. 이럴 경우, 팀에 새롭게 적응하는 단계에서 분위기와 눈치를 살펴야 하는 불편함이 존재한다. 저맥락 상황에서는 이를 보다 명확하게 정의해서 예측 가능성을 높여주어야 한다. 예를 들어, 인권존중, 자유와 평등, 질서 지키기 등은 익명의 다수가 공존하도록 돕는 대표적인 그라운드룰로 볼 수 있다.

모든 팀이 갖추어야 하는 그라운드룰은 '의사소통'과 '의사결정'에 대한 규칙이다. 새롭게 팀 구성이나 변화환경에서는 모호한 그레이존을 줄이기 위해 더 많은 규칙이 필요하다. 반대로 오랜 전통을 보유한 안정적인 팀의 경우, 규칙의 양이 많지 않아도 된다. 다만, 새로운 팀원들이 빠르게

정착하고 효율적으로 협업하기 위해서는 과거보다 명확성을 높일 필요
도 있다.

상황에 따라 다르겠지만, 협업과 시너지 수준을 높이기 위한 영역은
다음과 같다.

- 팀원 서로의 존중과 배려를 위한 규칙
  - 프라이버시 존중, 리더와 팀원의 기대 역할, 집중근로 등
- 즐거운 일터를 만들기 위한 규칙
  - 팀빌딩과 회식 방식, 칭찬과 인정 방식, 갈등처리 기준 등
- 소통의 명확성을 높이기 위한 규칙
  - 지시와 보고 방식, 사안별 소통 방식, 회의 소집 기준, 업무 협조
    방식, 답변 기한 등
- 화상 회의 운영을 위한 규칙
  - 담당자, 준비사항, 운영순서, 자료작성 방식 등
- 공정한 팀 운영을 위한 규칙
  - 교육참가 기준, 휴가 사용 기준, 공통업무 배분 기준, 평가보상 기
    준 등
- 위기 상황 대응을 위한 규칙
  - 비상연락 방식, 비상상황 처리 기준 등

3) 그라운드룰의 생명력을 높이는 방법

첫째, 참여적 의사결정을 통해서 함께 만들어야 수용도가 높다.

워크숍을 활용하여, 양방향 논의를 통해 합의 방식으로 만들어야 한다. 리더 입장에서 훌륭한 그라운드룰을 벤치마킹해서 전달하더라도 '답정너' 상황을 극복하기 어렵다. 의견을 제안하고, 팀원들이 채택하는 절차를 거쳐야 한다.

둘째, 정기적으로 리뷰 과정을 통해서 업데이트를 해야 한다.

만들었던 시점과 달라진 상황들이 꾸준히 발생하기 때문에 수정하고 보완하는 과정이 필요하다. 적어도 매년 1회 이상은 살펴봐야 하며, 변화 속도가 빠르다면 분기 1회 성과 리뷰 미팅에서 함께 점검해도 좋다.

셋째, 그라운드룰 준수 여부에 대한 포상을 해야 한다.

금전적 보상을 의미하지는 않는다. 팀이 중요하게 생각하는 가치에 부합하는 행동에 대한 공식적인 인정과 칭찬을 위한 방법이면 무엇이든 좋다. 이때 지키지 않는 사람들에게 불이익을 줄 것인지에 대한 고민이 들수 있다. 가능한 긍정 행동에 초점을 두되, 팀의 가치를 훼손하는 경우라면 단호한 메시지와 조치를 통해서 재발하지 않도록 해야 한다. 그라운드룰을 만들 때, 재미있는 상벌 규정을 미리 반영하는 것이 효과적이다.

넷째, 팀의 상황에 따라 평가의 일부 요소로 반영한다.

규칙 준수가 매우 중요하고, 팀원들의 자연스러운 문화로 정착되기 이전이라면 도입을 검토할 수 있다. 리더는 팀원들이 규칙을 준수하는지 감시하고 감독할 수 없다. 가장 잘 아는 사람들은 동료 팀원들이다. 그들이 함께 참여해서 평가한 경과가 보다 정확하다. 팀의 분위기에 따라 상호평가를 도입할 수 있다면 시도할 수 있다. 상황에 따라 큰 비중을 부여하기 어렵더라도 감점과 가점 사유로 활용하는 것도 방법이다. 모두를 위한 규칙인 만큼 공허한 다짐으로 머물게 해서는 안 된다.

3

팀 차원의
소통문화를 구축하는
소통 방법

1) 팀 문화를 만드는 방법

팀 문화란 다른 팀과 구별되는 우리 팀의 공통적인 특징을 의미한다. 예를 들어, 회의방식과 팀빌딩이 다른 팀에서 찾아보기 어렵다면 고유한 문화로 볼 수 있다. 원래 문화는 라틴어 'Cultus(경작하다)'에서 유래했다. 오랜 시간 반복되는 행위가 자연스러운 문화가 되는 것이다. 개인 차원에서는 유년 시절부터 비슷하게 반복된 행동특성을 보이는 '성격'이 다른 사람과 차별되는 특징이 된다.

문화는 쉽게 만들거나 바꿀 수 없다. 한 번 정립된 문화는 팀원들의 소속감과 일체감을 만들고, 지속적 유지발전에 기여한다. 마치 대학생이 군인이 되어가는 과정처럼, 새로운 환경의 명확한 문화가 존재한다면 빠르게 적응하는 데 도움이 된다. 팀원의 입장에서 문화는 '환경 자극'으로 볼 수 있다. 팀이 기대하는 행동양식을 수용하고 따를 것인지, 아니면 자신의 방식을 고수하고 떠날지를 결정하게 만들기도 한다.

리더 입장에서는 팀 고유의 문화를 긍정적으로 만들 필요가 있다. 높은 성과를 지속적으로 창출하는 조직의 공통점은 자신의 고유문화를 가지고 있다는 점이다. 문화는 쉽게 모방하기 어려운 성질을 갖고 있어 오랜 시간 경쟁력을 유지하도록 만든다.

● 공통의 상징과 의식 만들기

우리나라에는 농경문화를 중심으로 24절기와 명절을 지키는 풍습이 있다. 설날부터 단오와 추석까지 구성원들이 공유하는 가치를 기념하고 전파하기 위한 행사를 많이 실시했다. 대부분의 활동은 무병장수를 지원하거나 풍년을 기원하는 '의미를 담아내는 형식'이었다. 그리고 고령의 연장자들과 어린 아이까지 '공유할 수 있는 긍정 경험'을 만들 수 있는 잔치마당을 벌였다. 궁핍한 삶에도 감사를 드리고 소속감과 자부심을 공유하기 위해서 넉넉한 인심도 베푸는 행사였다.

각자도생과 경쟁 중심의 불안한 현대를 살아가는 많은 사람들에게도 동일하다. 조직과 팀에서 일하는 것은 생존에 대한 경제적 필요를 넘어서 '오랜 기간 함께 공존하기 위한 꿈터'라는 인식을 새롭게 경험하도록 도와주어야 한다. 서로에 대한 존중과 배려 등의 보이지 않는 마음을 구체적으로 전달하기 위한 '상징'과 '형식인 행사'도 만들 수 있다.

리더는 팀이 공유하고 싶은 '중요한 가치'를 담아낼 수 있는 형식을 만들어야 한다. 예를 들어, 새로운 세일즈 목표를 달성한 마감일에 가벼운 마감 파티를 진행할 수 있다. 서로 격려하고 축하하기 위해 간식과 소통의 기회를 마련할 수도 있다. 팀의 소속감을 높이기 위해 팀원 경조사에 대한 참여와 지원 방법을 도입해서 운영하는 것도 좋다. 함께 소통하고 공감할 수 있는 마당을 제공함으로써 '긍정 경험'을 만들 수 있다.

우리는 과거 집단주의적 문화 속에서 체육대회와 단체복 등의 활동을 혐오의 대상으로 인식하는 경향이 있지만, 미국 홀푸드마켓의 경우 팀워크와 응집력을 높이기 위한 훌륭한 도구로 도입하여 성과를 보고 있다. 팀원 전체가 논의를 통해 결정하는 공동 의사결정 아젠다를 확대하거나, 공동의 목표와 가치를 강조하는 슬로건을 만드는 것도 '공통의 상징'이 될 수 있다.

팀원들끼리 보다 전문적이고 신속하게 소통하기 위한 '용어집'을 만드는 것도 좋다. 직무 역할의 공통적인 분야에 대한 성공과 실패에 대한 다양한 정보들을 쉽게 접근하고 활용할 수 있도록, 공유 폴더를 운영하는 것도 좋다. 상대평가와 지나친 경쟁을 강조하는 방식 때문에, 동료를 경쟁자와 적으로 인식해서는 높은 시너지와 심리적 안전감을 기대하기 어렵다. 서로의 자원을 공유하고, 필요한 존재라는 점을 경험하도록 만들어야 한다.

● 3번 이상 꾸준히 반복하기

문화 구축과 습관 형성은 오랜 기간 동안 반복했다는 공통점이 있다. 아무리 좋은 '행사 또는 형식'이라도, 1회성으로 그치면 문화로 남을 수 없다. 적어도 3번 정도는 진행해야 한다. 실시 주기나 상황에 대한 기준이 있다면 반드시 준수해야 한다.

예를 들어, 팀원과 CFR을 위한 1대1 미팅을 매월 1회 30분씩 실시하기로 했다고 가정해보자. 약속한 일정에 상위 리더의 호출과 긴급한 업무로 약속을 지키지 못하게 되었다면 조정할 수 있다. 그러나 반드시 실시해야 한다. 조정되었다는 이유로 다른 일정이 없어지거나 통합되는 등 형식을 간소화하거나 건너뛰어서는 안 된다. 적어도 3번 이상 반복되어야 이후의 일정을 예측할 수 있다. 바람직한 성과행동과 규칙 준수에 대해서도 마찬가지다. 약속한 보상이나 혜택을 제때 예외 없이 실행해야 한다.

새로운 환경에 적합한 팀 문화는, 과거의 획일적 용광로Melting-pot의 모습에서 서로의 장점과 다양한 특징을 그대로 유지하면서도 시너지를 낼수 있는 샐러드볼Salad Bowl과 같은 모습으로 바뀌어야 한다. 그러면서 팀 공통의 상징과 형식을 조금씩 확장해 간다면, '공동의 목표와 가치'를 공유하는 새로운 문화로 효과적으로 작동할 수 있을 것이다.

2) 상호이해와 친밀감을 높이는 소통 방법

소통은 의사소통의 수단을 넘어, 인간의 존재가치를 확인하고 행복감을 맛보도록 한다. 조지 베일런트는 하버드 졸업생의 종단연구를 토대로 쓴 책 『행복의 조건』에서 사회적 관계의 중요성을 여러 차례 강조했다. 누군가와 소통한다는 것은 생각보다 가치 있는 활동이다.

일터도 마찬가지다. 단지 경제적 필요를 채우는 것이 아니라, 개인의 성취감과 성장감을 경험할 수 있다. 자신의 재능과 노력을 통해 팀의 가치 창출에 기여하고 인정받는 공간이기도 하다. '용건만 간단히, 결론 중심의 빠른 소통'으로는 채울 수 없는 영역이다. 일 때문에 만난 사이지만, 가치 있는 관계로 발전할 수 있다. 조직 내 사적 이야기를 나눌 수 있는 사람이 있는 경우, 몰입도도 높고 근속기간도 길다는 연구결과가 있다.

리더는 다양한 소통 형식을 활용하여, 소통의 빈도도 높이고 긍정 경험도 증가시킬 수 있다.

● 가벼운 대화 시간 활성화

애자일 방식으로 일할 때, 소통의 빈도를 높이기 위해서 매일 아침 스크럼을 진행한다. 팀원들 모두가 원형으로 서서 가볍게 그날의 우선순위를 공유하는 시간이다. 짧지만 소속감과 방향성을 공유하기 위해 유용하게 활용되고 있다. 과거 아침 조회시간과 유사하다.

어떤 조직의 경우 아침에 차를 한 잔 나누면서, 편안하게 생각을 교환하기도 한다. 일정이 타이트하고 변화 속도가 빠른 경우 이 시간을 부담스럽게 생각하는 경우도 있다. 매주 금요일 오후 가벼운 간식과 함께 한 주의 이야기를 나누는 시간을 갖는 것도 좋다. 팀의 규모에 따라 작은 파트와 그룹 단위로 모이는 것이 바람직할 수도 있다. 함께 모이면 서로의 이야기와 먹을 것이 있다는 즐거운 경험을 만들 수 있다. 2018년 국내 최초 주35시간을 도입한 그룹사의 이야기다. 시간이 줄어들어 업무회의부터 없앴다고 한다. 그랬더니 팀원들이 '제발 회의 좀 하자'는 요청이 늘었다고 한다. 그 회의는 숙제 검사를 위한 딱딱한 과업 중심의 회의가 아니라 소속감과 동료애를 나눌 수 있는 소통 기회에 대한 요구였다.

● 팀빌딩 워크숍 운영

팀원들 서로에 대해서 이해할 수 있는 기회를 가장 큰 목적으로 워크숍을 운영할 수 있다. 시간 구성에서 팀원 서로 간에 이해를 돕기 위한 시간이 있음을 알려주고 준비하도록 한다. 자신의 소통 스타일과 개인적 관심사를 편안하게 공유하도록 유도한다. 서로의 특징을 고려하여, 존중하고 배려할 수 있는 시간으로 운영할 수 있다. MBTI 또는 DISC 등의 진단을 해 보며, 서로의 차이점과 공통점을 이해하는 시간도 도움이 된다.

동료가 최고의 복지라는 지향점을 느끼도록 설계해야 한다. 이를 위해 서로의 결핍을 도와주고, 팀을 통해서 무언가를 이루는 것이 '좋다, 도움이 된다.'라고 느낄 수 있는 활동을 병행하면 좋다. 회의실에서 진행할 수도 있지만, 외부의 새로운 공간에서 편안하게 접근할 수 있도록 환경을 조성하는 것이 더욱 효과적이다.

● 회식 운영

팀원 모두가 긍정의 공통 경험을 갖도록 활용할 수 있는 일상의 효과적인 방법이 회식이다. 회식을 운영할 때 팀원들이 선호하는 방식이 가장 중요하다. 좋은 의도만으로는 부족하다. 서로 교류하고 긍정적인 경험을 만들기 위한 시간이라는 목적을 명확히 강조한다면, 메뉴와 장소, 일정을 결정하는 방식을 팀원들이 순차적으로 결정해도 좋다. 긍정적 경험이라는 측면에서, '맛있고 비싼 음식'을 먹는 것으로 제한할 이유가 없다. 함께 체험하고 경험할 수 있는 문화예술 등의 다양한 장르로 방식을 확대할 수도 있다.

● 희로애락 공유, 격려와 축하 기회 확대

직장인이 조직에 대한 고마움을 가장 크게 느낄 때가 바로 '경조사 경험'이다. 동료의 희로애락에 함께 공감함으로써, 보다 긍정적 관계로 발전시킬 수 있다. 아무런 상호작용 없이 경조비 부담만 느낀다면 모두에게 소모적인 경험이 될 수 있다.

평소 동료들의 충실한 지원에 감사를 표현하고 도움을 요청할 수 있는 문화가 바람직하다. 월간 또는 분기별로 팀워크 기여도가 높은 팀원에 대해 인정하거나, 우수기여자를 함께 선발하는 것도 좋다. 생일자 축하시간을 운영하되, 자기 노출에 대한 부담이 있는 경우 월별 미팅에서 가볍게 선물을 전달하는 시간을 반영할 수 있다. 이 외에도 소소한 축하와 격려 사항들을 함께 나누어 소속감과 동료애를 강조할 수 있다.

3) 학습과 성장을 위한 소통 방법

팀은 공동의 목표를 위해 구성되었기 때문에, 다양한 팀원의 직무 전문성 중 공통적인 요소가 상대적으로 많다. 해당 분야의 트렌드와 전문지식 등은 공통의 관심사에 해당될 수 있다. 직무가 이질적인 경우라도, 프로젝트를 추진하면서 다양한 문제를 해결하는 의사소통 과정에 대한 경험은 누구도 예외 없이 경험하게 되는 상황이다.

일부 팀원의 성공과 실패에서 배울 수 있는 소중한 기회를 팀원들과 공유하는 기회를 마련한다면, 서로에게 도움이 되는 소통 기회가 될 수 있다. 다만, 준비와 발표 과정의 절차와 형식이 까다로울 수 있으므로 부담이 되지 않도록 주의할 필요도 있다. 꼭 필요한 핵심 위주로 간결하게 운영하기를 추천한다.

● 신규 입사자 온보딩 프로그램 운영

신규 팀원들이 빠르게 정착하도록 돕기 위한 가장 좋은 방법이 '공식적 소통 프로그램' 운영이다. 일단 첫날 모든 팀원들이 함께한 자리에서 공식적으로 소개해주어야 한다. 규모가 큰 조직이라면, 같은 층 사무실 동료들에게도 소개Office Tour하는 시간이 필요하다. 초기에 공식적으로 인사를 나눈 경우, 이후 자연스럽게 대화를 이어 나가는 데 도움이 된다.

팀원들과 1대1 대화를 자연스럽게 진행할 수 있도록, OJT 계획을 수립해서 실행해도 좋다. 기존 팀원들과 인간적으로 교류하도록 돕고, 팀 문화와 업무 프로세스 이해를 도울 수 있다. 초기 3개월 정도는 팀 차원의 멘토링을 운영하는 것도 고려할 수 있다. 업무적 측면뿐만 아니라, 원만한 적응을 돕기 위해 직속 선배가 아닌 다른 팀원을 멘토로 매칭하는 것이 바람직하다.

● 학습 미팅 운영

직무가 비슷하거나 경력 성장 목표가 유사한 경우 함께 학습하는 소통 기회를 마련할 수 있다. 새로운 프로젝트 추진을 위해 필요한 전문자격이나 지식을 학습할 경우, 내부 전문가를 강사로 선임해서 운영할 수 있다. 예산 지원이 가능하다면 외부 전문가를 초청해서 함께 학습해도 좋다. 만약 처음 시작 단계라면, 형식을 최대한 간소화하고 편안하게 생각과 경험을 공유하는 방식으로 운영해도 좋다. 자신의 업무 수행 과정에서 체득한 성공과 실패의 경험을 공유하는 모임도 좋다.

● 성찰 미팅 운영

주요 과제 추진 종료 후에 그 경험을 토대로 미팅을 운영한다. 새로운 시도와 낯선 프로세스를 운영했다면 반드시 운영할 가치가 있다. 해당 과제에 참여한 사람들과 함께 추진 과정에서 얻었던 지식과 경험을 돌아보고 이후에 적용할 수 있는 사항이 무엇인지 이야기하는 시간으로 운영한다. 팀의 성공과 실패를 통해서 개인도 성장하고 팀의 자산으로 만들 수 있는 기회다. 팀의 다른 과제와 담당자에게도 공유할 수 있는 부분은 학습 미팅 운영 시에 공유한다. 운영 방법은 8장의 소개 내용을 참고하기 바란다.

모든 환경이 변했지만, 이를 극복하기 위한 가장 효과적인 대안이 팀이라는 사실은 그대로다. 덕분에 팀을 통해 협업과 시너지를 성공적으로 이끌기 위한 리더의 역할과 리더십의 중요성은 더욱 강조되고 있다. 리더는 구성원들과 일상의 빈번한 소통 과정을 통해서 리더십을 발휘한다. 리더에게는 구성원 각자의 장점과 다양성을 존중하며, 참여와 합의를 이끌어 내기 위한 소통 스킬이 필요하다.

팀과 조직은 철저하게 목표와 과업 중심적으로 운영되지만, 장기적 관점의 목표달성과 협력 수준을 높이기 위해서는 신뢰와 공감이라는 관계가 훨씬 중요한 변수라는 점을 기억해야 한다. 팀 구성원들은 목표달성 과정에서 자율성, 성장감, 성취감에 대한 '긍정 경험'이 있어야 지속적으로 몰입할 수 있다.

리더의 소통은 과제 수행을 위한 정보교환에 머무르지 않는다. 구성원의 존재가 얼마나 중요한지 인정하고 존중하는 수단이기도 하다. 궁극적으로 일터에서 리더는 소통을 통해 구성원의 몰입을 높이는 '긍정 경험'을 전달할 수 있다. 무엇보다 리더는 상황별로 적합한 소통 기술을 갖추고 있어야 리더십 효과성을 높일 수 있다.

리더의 소통 방식을 '리더십 스타일'로 볼 수 있다. 언제나 최고의 결과를 기대할 수 있는 만능열쇠는 없다. 상황에 적합해야 한다. 리더는 양손 잡이처럼 다양한 소통 스킬을 발휘할 수 있어야 한다. 밀당의 기술을 발휘하듯, PUSH와 PULL 방식의 소통 기술 모두를 갖추어야 한다. 코칭과 인정뿐만 아니라, 지시와 단호한 피드백도 구사할 수 있어야 한다.

일선의 많은 리더들이 리더십 역량 개발에 대한 관심은 높지만 실천이 쉽지 않음을 자주 호소한다. 어렵다면 상황별로 제시한 적절한 문법과 화법을 반복적으로 따라 해 보는 '흉내 내기 전략'도 좋다.

2015년 남자 프로배구팀의 신임 리더가 되었던 최태웅 감독은 좋은 예

에필로그

가 될 수 있다. 처음 감독이 되어 선수들을 격려하던 '최태웅 어록'에 대한 영상을 찾아보라. 그의 메시지가 조금은 낯설고 어색한 부분이 느껴진다. 어쩌면 신임 감독으로 '바람직한 역할에 필요한 소통'을 연기했을지도 모르겠다. 그러나 해를 거듭해도 여전히 일관된 모습으로 선수들을 대하는 최태웅 감독에 대해 선수와 팬들은 '그의 한결같은 진심'으로 받아들이고 있다.

리더십은 인지적 측면의 복잡한 개념을 기억하는 것에 머물지 않는다. 실천적 적용 측면에서, 자연스럽고 무의식적 행동으로 내면화되어야 비로소 학습이 된 것으로 볼 수 있다. 모든 학습은 모방과 반복이 꼭 필요하다는 점을 강조하고 싶다.

부디 훌륭한 리더십을 발휘하고 싶은 리더라면, 사소한 말투와 표정을 긍정적으로 바꾸는 습관 만들기부터 시도해보기 바란다.

<참고 문헌>

김영인(2018), "성장하는 기업에는 학습 조직이 있다", 돋을새김

류재호, 유구오(2009), "아기 성장 보고서", 위즈덤하우스

박경연, 정재삼(2016), "B사 수행성과 차이에 따른 원인분석 결과(6 Box 모형 적용)",
     동아비즈니스리뷰

오세진(2016), "행동을 경영하라", 학지사

유호현(2019), "이기적 직원들이 만드는 최고의 회사", 스마트북스

이치민(2022), "넥스트 제너레이션 리더십", 활자공방

임창희(2013), "조직행동", 비앤엠북스

전성철, 최철규(2009), "협상의 10계명", 웅진윙스

정재삼(2000), "수행공학의 이해", 교육과학사

대니얼 골먼(2008), "EQ 감성지능" (한창호 옮김), 웅진지식하우스

대니얼 레비(Daniel Levi)(2010), "팀워크 심리학" (정명진 옮김), 부글북스

대니얼 카너먼(Daniel Kahneman)(2018), "생각에 관한 생각" (이창신 옮김), 김영사

로버트 엑설로드(2009), "협력의 진화" (이경식 옮김), 시스테마

로버트 S. 캐플란, 데이비드 P. 노튼(2014), "균형성과관리지표 BSC" (송경근, 성시중
     옮김), 한언

로버트 치알디니(Robert B. Cialdini)(2013), "설득의 심리학" (황혜숙 옮김), 21세기북스

로저슈워즈(Roger Schwarz)(2002), "퍼실리테이션 스킬" (봉현철, 김영원 옮김), 다산서고

스튜어트 다이아몬드(2011), "어떻게 원하는 것을 얻는가" (김태훈 옮김), 에이트 포인트

스티븐 M. R. 코비(2009), "신뢰의 속도" (김경섭, 정병창 옮김), 김영사

아리스토텔레스(2020), "아리스토텔레스 수사학" (박문재 옮김), 현대지성

안나 프로이트(2015), "자아와 방어 기제" (김건종 옮김), 열린책들

에드워드 홀(2013), "문화를 넘어서" (최효선 옮김), 한길사

워렌 베니스(2008), "리더와 리더십" (김원석 옮김), 황금부엉이

존도어(2019), "OKR" (박세연 옮김), 세종서적

존코터(2007), "기업이 원하는 변화의 리더" (한정곤 옮김), 김영사

코이 뚜(2014), "슈퍼팀 어떻게 탁월한 팀이 되는가" (이진구 옮김), 한국경제신문사

콜브(1984), "Experiential Learning: Experience As The Source Of Learning And Development", Prentice-Hall

폴 에크먼(2020), "표정의 심리학" (허우성, 허주형 옮김), 바다출판사

피터 드러커, 프랜시스 헤셀바인, 조안 스나이더 컬(2017), "피터 드러커의 최고의 질문" (유정식 옮김), 다산북스

허브 코헨(2004), "협상의 법칙 1" (강문희 옮김), 청년정신

Edwin A. Locke, Gary P. Latham, et al.(1990). "A Theory of Goal Setting & Task Performance", Pearson College Div

Claude E. Shannon, Warren Weaver(1971). "Theory of Communication", The University of Illinois Press

John French, Bertram Raven(1959). "The Bases of Social Power", Studies in Social Power

Katzenbach, Smith(1994). "The wisdom of teams", Harvard Business Review Press

Kenneth W. Thomas, Ralph H. Kilmann(1976). "Thomas-Kilmann Conflict mode instrument", Group & Organization Studies, Vol 1 No 2, 249-251